Anna Ignone

Primi piani sugli italiani
testo di lettura di lingua e civiltà italiana per stranieri

livello intermedio ed avanzato

appendice con dialoghi, tipi di lettera, descrizioni, riassunti

 Guerra Edizioni

SI RINGRAZIANO:

- La Stampa
- Il Messaggero
- La Nazione
- Donna Moderna
- Il Sole 24 Ore

I edizione
© Copyright 2002 Guerra Edizioni - Perugia

ISBN 88 - 7715 - 554 - X

3.	2.	1.
2004	2003	2002

Disegni: Donatella Marri

Legenda simboli

pre-lettura

comprensione

richiamo regola grammaticale

produzione scritta

produzione orale

Guerra Edizioni
via Aldo Manna, 25 - Perugia (Italia) - tel. +39 075 5289090 - fax +39 075 5288244
e-mail: geinfo@guerra-edizioni.com - www.guerra-edizioni.com

Primi piani sugli italiani è un testo di lettura per studenti di italiano come L2 o lingua straniera, di livello intermedio ed avanzato. I testi del libro sono stati scelti per l'interesse tematico e per la ricchezza di informazioni sulla realtà italiana. La loro tipologia è varia: interviste, testimonianze di gente comune su temi scottanti quali la droga, sondaggi che fotografano l'Italia di oggi a tavola, quella dei giovani all'università con la tendenza a laurearsi sempre più tardi o quella delle donne che si raccontano nei loro rapporti con il lavoro, con l'uomo, con la famiglia, fatti di cronaca, curiosità sugli stili di abbigliamento dei giovani italiani.

Non mancano testi argomentativi su telefonino, televisione, musica.

La scelta di questi contenuti ha il duplice scopo di offrire informazioni e notizie su tematiche sociali, culturali e di costume dell'Italia e, nello stesso tempo, di sollecitare la curiosità, la motivazione dell'apprendente. A questo fine concorrono anche tecniche usate non solo nel corpo dell'unità, ma anche prima che gli studenti leggano il testo: si chiede di fare delle ipotesi sugli argomenti che saranno trattati, di riflettere sulle immagini o sui titoli, di ricordare le informazioni che hanno già su personaggi conosciuti o anticiparle per poi verificarle. Per quanto riguarda i momenti in cui l'unità è articolata, dopo la fase di *pre-lettura* segue la *comprensione* del testo che viene saggiata con attività varie: rispondere a domande, completare tavole, completare enunciati, correggere rielaborazioni inesatte, montare parti di testo date alla rinfusa, attribuire titoli a paragrafi.

In una successiva *analisi* della lettura si riflette sui "fatti della lingua". Vengono evidenziati ed estrapolati aspetti morfosintattici, riproposti successivamente in altri contesti o semplicemente rinforzati con esercizi strutturali. Più volte ci si sofferma, perché i testi ne offrono lo spunto, su aspetti caratteristici dell'italiano contemporaneo: stile nominale, uso di "che" polivalente, fenomeno della dislocazione. Da un punto di vista lessicale sono ampiamente evidenziate parole del gergo giovanile.

Si riflette, inoltre, sui meccanismi di formazione delle parole incontrate nel testo e l'utilizzo di cruciverba, puzzle e indovinelli, serve per un'ulteriore verifica della loro acquisizione.

Uno spazio particolare è stato dato all'uso dei connettivi più frequenti, riproposti in esercizi di completamento o in attività di altro tipo.

A completamento dell'unità, ci sono suggerimenti per discussioni o elaborati legati al tema trattato.

Un lavoro più sistematico sulla produzione scritta si ritrova nell'Appendice dove sono suggerite formule ricorrenti nei dialoghi e strutture linguistiche utili per descrivere una persona.

I tipi di lettera presentati comprendono lettere personali e ufficiali accompagnate da esempi di *curricula*, utili soprattutto per richieste di impiego. Nelle lettere aperte si parla di problemi specifici della gente comune. Infine, per avviare lo studente al riassunto guidato, sono proposti testi tratti da depliant turistici e quotidiani. Questo libro è concepito specialmente in vista di un utilizzo in classe; tuttavia, particolari accorgimenti ne facilitano anche l'approccio individuale.

Per concludere, due raccomandazioni: leggere prima i testi da soli, in silenzio ed alla propria velocità e ritornarvi ciclicamente; le attività di comprensione non vanno considerate come momenti di controllo da parte dell'insegnante, ma guida all'autoverifica.

Realizzare un libro è un'operazione complessa che richiede numerosi controlli ed è pertanto difficile che esso sia completamente privo di errori. Sarò grata a coloro che vorranno segnalarmeli.

Desidero rivolgere un affettuoso ringraziamento al professore Osvaldo Mencacci per i suoi preziosi consigli e suggerimenti.

Anna Ignone

Unità 1
Eros Ramazzotti

Pre-lettura

Sapete chi è Eros Ramazzotti? Date una risposta alle seguenti domande e controllate se avete risposto bene, dopo aver letto il testo.

Dove è nato?

La sua famiglia era ricca o no?

Cosa avrebbe fatto se non avesse fatto il cantante?

A. **Dopo aver guardato la foto di Eros Ramazzotti, abbinate in modo appropriato le parole della colonna di sinistra a quelle della colonna di destra.**

1. Occhi   **a.** regolare
2. Capelli   **b.** alta
3. Fronte   **c.** espressivi
4. Bocca   **d.** folte
5. Naso   **e.** scuri
6. Sopracciglia   **f.** grande

B. **Collocate le parole al posto giusto.**

balocchi - calciobalilla - flipper - biliardino - telescopio

1.

2.

3.

....

....

....

4.

5.

....

....

Leggete il testo seguente.

Eros Ramazzotti è il cantante italiano che vende di più all'estero: in quindici anni ha venduto ben venticinque milioni di dischi. Ha fatto davvero una carriera brillante, se consideriamo che era un ragazzo di borgata, figlio di un imbianchino. È un po' il re Mida delle periferie, dal momento che colleziona miliardi e dischi di platino. Per insediarsi stabilmente ai vertici delle superclassifiche, sono
5   stati determinanti la rabbia e il talento che lo caratterizzano.

Infatti, non ha avuto la possibilità di entrare al Conservatorio perché, data la situazione economica della famiglia, non poteva permetterselo. E se non avesse avuto fortuna come cantante, avrebbe fatto il barbiere. Faceva spesso i capelli al suo papà. I soldi, comunque, non l'hanno cambiato; è sempre rimasto un ragazzo con la testa sulle spalle. Certo è soddisfatto di essere arrivato dove è arrivato, di poter fare
10   oggi quello che vuole, essendo partito da zero, dal niente.

Tuttavia ha saputo sempre fare scelte ponderate e non ha mai accettato proposte solo per avidità di denaro, se non gli interessavano realmente.

La cosa più importante per lui era e continua ad essere crescere professionalmente. A quelli che gli chiedono come ci si sente ad essere ricco dopo una vita piuttosto povera, risponde che lui si sente ricco
15   dentro e che cerca di rinvestire i suoi guadagni in musica.

È per questo che qualche anno fa ha fondato una società di produzione discografica.

Ma soprattutto va fiero di essere arrivato così in alto senza aver mai schiacciato nessuno, senza scheletri nell'armadio. Fa parte della Nazionale cantanti che gioca per beneficenza e spesso nei suoi CD ama fare duetti con altri cantanti famosi. Per esempio, in uno dei suoi CD "Eros", uscito in 42 paesi, ha voluto
20   incastonare il meglio della sua carriera: una compilation dei suoi cavalli di battaglia riarrangiati, un duetto con Tina Turner ed uno con Andrea Bocelli.

Vive a Inverigo, in una lussuosissima villa bunker che sembra il paese dei balocchi fra flipper, biliardini, calciobalilla, telescopi giganti per scrutare il cielo, piscina coperta, palestra, campo da tennis, campo da calcetto, sala cinema, sala di incisione, 7 chitarre, la Ferrari in garage, maximoto varie, salotti su salotti
25   con sculture e fontane, un tavolo da pranzo per 24 persone, porte di cristallo che si aprono da sole.

In ogni stanza si trovano anche i balocchi veri quelli con cui gioca Aurora, la bambina avuta dalla frizzante compagna Michelle Hunziker.

Eros dice che Aurora è la sua vita e vorrebbe avere anche altri figli. Ha assistito al parto della sua
30   compagna e lo ha anche filmato. È stata una grandissima emozione per lui. Ha sempre un'aria da ragazzino e non ha smesso neanche di mangiarsi le unghie. Ama profondamente la musica e vive di questo amore. Gli piace la natura e vivere all'aria aperta, in totale relax.

Vivere in una grande città lo rende nervoso e per questo riduce al necessario i soggiorni in città.

Tra le sue paure c'è quella di volare, che è riuscito a vincere con l'aiuto del suo discografico.
35   Spesso lo si vede vestito di nero, si può quasi parlare di una sua divisa: neri gli anfibi, neri i pantaloni di fustagno, nero il maglione pesante a collo alto, nero lo zucchetto che gli copre i capelli.

C. **Dopo aver letto il testo, scambiate con un compagno le informazioni che vi ricordate. Completate la seguente tabella.**

Professione di Eros Ramazzotti: ....
....
....
Come veste solitamente: ....
....
....
Paura: ....
....
....

D. **Rispondete alle seguenti domande.**
La classe viene divisa in due gruppi. Un gruppo rivolge le domande e verifica le risposte e l'altro risponde.

1. Perché Eros Ramazzotti è definito re Mida?

2. Che lavoro faceva il padre?

3. Perché non ha potuto frequentare il Conservatorio?

4. Che cosa contiene il CD "Eros"?

5. Qual è il suo rapporto con il successo? Ha accettato compromessi? Ha sempre rispettato gli altri?

6. Come rinveste i soldi?

E. **Associate le espressioni al loro significato, come nell'esempio.**

1. re Mida   **a.** ragazzo che abita all'estrema periferia.

2. ragazzo di borgata   **b.** antico re famoso per le sue ricchezze.

3. paese dei balocchi   **c.** le attività in cui una persona riesce meglio.

4. cavalli di battaglia   **d.** villa molto protetta in cui è difficile entrare.

5. villa bunker   **e.** paese di allegria e di divertimenti.

6. avere la testa sulle spalle   **f.** fatti negativi della propria vita che si preferisce tenere nascosti.

7. scheletri nell'armadio   **g.** essere riflessivo, prudente, realista.

F. **Ricercate nel testo le parole che corrispondono alle seguenti definizioni.**

1. Chi per mestiere imbianca o tinteggia i muri (r. 3) ....

2. Che è stato esaminato, considerato attentamente (r. 11) ....

3. Inserire, collocare, lo si può riferire anche alle pietre preziose (r. 20) ....

4. Brano cantato da due persone (r. 21) ....

5. Momento in cui nasce un bambino (r. 29) ....

G. **Completate il testo, mettendo al posto giusto le parole scritte sotto.**

tuttavia - anche se - e - dopo che - infatti - comunque - ancora - anche

Eros Ramazzotti viene da una modesta famiglia che abitava all'estrema periferia di Roma. ....
(1) non ha avuto la possibilità di studiare al Conservatorio, ... (2), rabbia e talento gli hanno
permesso di fare una brillante carriera .... (3) di raggiungere un grande successo. .... (4),
con oltre 25 milioni di dischi venduti, ha conquistato spesso i vertici delle superclassifiche e si è
affermato ....(5) all'estero. .... (6) tutto questo successo non l'ha cambiato ed è rimasto
sempre un ragazzo con la testa sulle spalle. Ha .... (7) l'aria di un ragazzo e la sua
lussuosissima villa sembra il paese dei balocchi. Inoltre, ... (8) è diventato padre di una
bellissima bambina, Aurora, Eros si sente davvero felice ed appagato.

H. **Scrivete i participi passati dei seguenti verbi.**

Infiniti	Participi passati
Scegliere	....
Smettere	....
Succedere	....
Divenire	....
Rendere	....
Offrire	....
Spegnere	....
Spendere	....
Tradurre	....
Condurre	....
Comprendere	....

I. **Completate le frasi con i participi passati opportuni, scegliendoli tra quelli che avete scritto sopra.**

1. Il presentatore ha .... male la trasmissione.

2. Ti dispiacerebbe ripetere quello che hai detto perché non ho .... bene.

3. Per le vacanze ho .... una villetta davvero incantevole.

4. Hai .... lo scaldabagno prima di accendere la lavatrice per non far saltare la corrente?

5. L'interprete ha .... male la frase del presidente ed è .... di tutto.

6. Non ti ho ancora .... i soldi che mi hai prestato.

7. I miei amici mi hanno .... uno squisito tiramisù.

8. Claudia ha .... già tutti i soldi dell'eredità della nonna.

9. Ho .... di credergli perché in passato mi ha raccontato un sacco di bugie.

10. Lui è .... insopportabile perché è sempre più nervoso e tratta male chiunque.

L. **Volgete al passato prossimo le seguenti frasi.**

1. Devo rinunciare alle vacanze per laurearmi entro l'anno.

....

2. Paola vuole entrare nel nostro gruppo musicale.

....

3. Il marito vuole assistere al parto.

....

4. Non possiamo partecipare al concorso perché abbiamo superato i limiti d'età.

....

5. Dovete davvero partire così presto?

....

6. Maria può restare ancora negli Stati Uniti per migliorare il suo inglese.

....

7. I pompieri non possono arrivare tempestivamente a causa di un incidente stradale.

....

> I verbi modali prendono l'ausiliare del verbo che accompagnano.
> Esempi:
> - Io **sono** dovuta partire
> - Io **ho** potuto esprimere il mio pensiero.

M. **Collocate sotto la colonna giusta le seguenti parole.**

cantante - singolo - album - arrangiatore - cantautore - audiocassetta - CD - spartito - video - discografico - incidere - arrangiare - duo - complesso - mixare - stereo - duettare - solista - suonare - cantare - accordare

persone	azioni	oggetti
....	....	....
....	....	....
....	....	....
....	....	....
....	....	....
....	....	....
....	....	....

N. **Associate in modo appropriato le azioni della colonna di sinistra agli aggettivi della colonna di destra.**

1. Si mangiava le unghie   **a.** timido/a
2. Gli brillavano gli occhi   **b.** sbalordito/a
3. Spalancava gli occhi   perché era   **c.** nervoso/a teso/a
4. Impallidiva   **d.** contento/a
5. Arrossiva   **e.** spaventato/a

o. **Completate con le parole appropriate, scegliendole tra quelle scritte sotto.**

> *classifiche - discografico - cavalli di battaglia - Conservatorio - zucchetto - successo - frizzante - balocchi - carriera*

1. La canzone *"Time to say goodbye"* è uno dei

....

di Andrea Bocelli.

2. L'ultimo CD di Eros Ramazzotti è stato in prima posizione per molte settimane nelle .... nazionali.

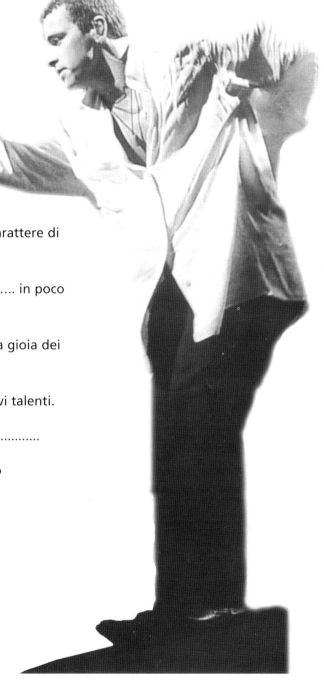

3. Il pianista del gruppo ha studiato per molti anni al ....

4. Molte volte il .... può cambiare il carattere di una persona.

5. Eros Ramazzotti ha fatto .... in poco tempo.

6. I .... sono la gioia dei bambini.

7. Fare il .... permette di scoprire nuovi talenti.

8. All'acqua naturale preferisco quella ....

9. Conosco un cantante che spesso porta in testa uno

....

Lavorate in coppia o in piccoli gruppi.
Gli argomenti di cui parlare
sono i seguenti:

- cantante o gruppi musicali preferiti
- il loro genere di musica
- i CD che vi piacciono di più
- come vestono solitamente
- notizie che avete sulla loro vita privata

Unità 2
L'amicizia è il mio mito

📖 Pre-lettura

Il titolo del testo è "L'amicizia è il mio mito". Anche per voi lo è? Se non è così, scrivete sotto ciò che è più importante per voi.

....

.... è il mio mito.

Fate un'ipotesi sulla professione di Massimo Pezzali.

Cognome ....**PEZZALI**............

Nome ....**MASSIMO**........

nato il ..**14 NOVEMBRE 1967**..

a ....**PAVIA**...............

Cittadinanza ...**ITALIANA**........

Residenza ....**PAVIA**.........

Stato Civile .....**CELIBE**........

Professione ....

....

Hobby **MOTOCICLETTE E IL CALCIO**
.........**(È SUPERTIFOSO DI RONALDO)**

❝*Le mie radici sono contadine: amo la prudenza con il denaro e la fedeltà nei sentimenti.*❞

Leggete il testo seguente.

LA VOCE DEGLI «883» E IL SUO MICROCOSMO: LA VITA IN PROVINCIA, LA FAMIGLIA, LE MOTO

Max Pezzali: un antidoto contro la violenza

di Alain Elkann

....

1.
"Noto similitudini più che differenze. Da Nord a Sud, nonostante la differenza economica, ci sono le stesse aspirazioni. E quelli che vengono ai miei concerti si assomigliano, a Reggio come a Milano".

....
....

2.
"Ho un pubblico soprattutto tra gli under 35".

....
....

3.
"Non tanto come persona, ma vorrei che i miei figli avessero un bel destino. Nel mio caso i miei figli sono le mie canzoni".

QUAL È LA CHIAVE DEL SUO SUCCESSO?
"Guardi, io penso che dipenda da un rapporto di comunicazione immediata tra me e chi mi ascolta. Io, nelle canzoni, racconto il mio microcosmo che è simile a quello di molti altri".

....

4.
"È la vita di provincia, gruppi di amici cresciuti insieme. È fatto di sogni, di aspirazioni e contraddizioni. Da una parte c'è la voglia di evadere da una realtà troppo piccola, dall'altra c'è un amore tenero per questa realtà".

5.
"Credo che la poesia si annidi dappertutto e si nutra anche del suo opposto, il materialismo. Forse anche oggi c'è grande spazio per la poesia anche se il mondo tende al materialismo.
Ma c'è anche una tendenza a una spiritualità, un po' confusa direi".

....
....

6.
"Sì, ho tre moto".

....
....

7.
"Mi piace girare nell'area dei laghi: il Maggiore, quello di Como, ma anche nell'area che va dalla Bassa all'Oltrepò pavese dove ci sono paesaggi bellissimi ed anche ottimi vini".

....

8.
"In quantità moderata sì, soprattutto i rossi".

LE PIACE MANGIARE?
"E' una passione che devo tenere a freno. Ho un metabolismo che mi porta a prendere peso anche solo guardando qualcosa che sia ipercalorico".

UN DIVO DEVE ESSERE SEMPRE MAGRO?
"Più che altro chi fa concerti non deve essere sovrappeso, sennò due

ore e dieci di spettacolo diventano troppo faticose". In "Io ci sarò", la canzone più gettonata del suo ultimo album, racconta la favola del matrimonio".

MA LEI NON SI È ANCORA SPOSATO. PERCHÉ?
"Non mi sento pronto per questo passo. Ho visto tanti coetanei fare scelte azzardate con il risultato che i matrimoni sono naufragati dopo due o tre anni.

LEI CAMBIA DONNA SOVENTE?
"Sono un monogamo tranquillo e di lungo respiro".

....
....

9.
"Vivo in una casa adiacente a quella dei miei genitori e vado sempre a mangiare da loro".

SI RICONOSCE IN QUEI GIOVANI CHE NON SE NE VOGLIONO ANDARE DI CASA?
"Sì, in parte. I giovani d'oggi non si sentono pronti per il comando. E poi molti, meno fortunati di me, anche se laureati magari in medicina, non guadagnano abbastanza per andare a vivere da soli. Così sono costretti a rimanere in famiglia".

LEI INVECE GUADAGNA MOLTO?
"Sì, abbastanza".

E I SUOI RISPARMI LI INVESTE IN BORSA?
"Guardi, non so esattamente come li investo. Non capisco bene l'economia e così si occupa di tutto la Banca San

Paolo. Comunque, punto su investimenti che non rendono molto ma a rischio limitato.

NON LE PIACE IL RISCHIO?
"Non ho il temperamento del giocatore. Vengo da una famiglia contadina e ho sempre il senso della catastrofe imminente, e così mi sento sempre preparato all'arrivo del peggio".

....

10.
"Parla di un gruppo di amici che frequenta un bar sala giochi che rischia di chiudere per problemi economici. Loro si mobilitato e organizzano un concerto per salvare il bar. Si parla di amicizia, e un po' anche di amore".

....

11.
"E' essenziale. E' il valore che se adeguatamente curato, può veramente essere la barriera per affrontare il mondo esterno".

....
....

12.
"Sì, perché in questo periodo è veramente poco comprensibile cosa succede, e quindi è importante avere un punto di riferimento, che nel mio caso è il gruppo di amici, per rassicurarsi che qualcosa di normale esiste ancora fra tanta violenza. Sì perché in questo periodo è veramente poco comprensibile quanto succede: basta guardare la cronaca".

Da "La Stampa", 18 ottobre 1998

A. Leggete l'intervista e collocate al posto giusto le domande che sono date sotto alla rinfusa.

> **G.** LE PIACE IL VINO? **A.** VIVE DA SOLO O CON I SUOI GENITORI? **C.** TRA QUALCHE SETTIMANA USCIRÀ IL SUO FILM "JOLLY BLUE". CHE COSA RACCONTA?
>
> **H.** LEI È MOLTO AMBIZIOSO? **B.** L'AMICIZIA PER LEI È IMPORTANTE? **E.** IL MONDO ESTERNO LE FA PAURA?
>
> **N.** E DOVE VA IN MOTOCICLETTA? **F.** IL MONDO OGGI LE SEMBRA MATERIALISTA, POCO POETICO? **L.** LEI PIACE SOLO AI GIOVANI?
>
> **D.** E QUAL È IL SUO MICROCOSMO? **I.** LE MOTOCICLETTE SONO UNA SUA PASSIONE, VERO? **M.** COSA STA VEDENDO DI NUOVO NEL PAESE DURANTE LA TOURNÉE?

B. Completate la seguente tabella, dopo aver riletto l'intervista.

A Max piace	non piace	fa paura
....	....	....
....	....	....
....	....	....
....	....	....
....	....	....

C. Ricercate nel testo e scrivete sotto la frase che esprime un desiderio del cantante.

....

D. Rispondete alle seguenti domande.

1. Che cosa pensa Max Pezzali del matrimonio?

2. Qual è il suo rapporto con il denaro?

3. Cosa pensa dei giovani che continuano a vivere con i propri genitori? Lui si è completamente allontanato dalla sua famiglia?

4. Qual è il suo rapporto con la vita di provincia?

5. È fedele alla sua donna?

E. Completate il testo seguente, scegliendo le parole tra quelle riportate sotto.

> successo - comunicazione - passione - zona - ingrassare - sovrappeso - famiglia - investire - amicizia - violenza - microcosmo

Max Pezzali ha molto .... (1) soprattutto tra i giovani, perché ha una .... (2) immediata con loro e, nelle sue canzoni racconta un ....……......... (3) simile a quelli di molti. Ha la …….....................…… (4) per le motociclette e gli piace girare soprattutto nella .... (5) dei laghi. Vorrebbe mangiare molto, ma deve controllarsi perché tende ad ……......................…… (6) facilmente e, se è ……....................................... (7), ha difficoltà a sostenere due ore e dieci di concerto. Viene da una …….................................…… (8) contadina; è prudente nell' .... (9) denaro anche se ammette di guadagnarne abbastanza. Ritiene che l' ……...................…… (10) sia un valore molto importante, ma è seriamente preoccupato per la ….. (11) che ci circonda.

F. Completate con i verbi appropriati, scegliendoli tra quelli riportati nel riquadro.
Coniugateli al tempo verbale giusto. Qualche verbo può essere usato più di una volta.

mobilitarsi - nutrirsi - annidarsi - occuparsi - sentirsi - assomigliarsi - rassicurarsi

1. Se noi .... di proteine, grassi, sali minerali, zuccheri, potremo dire di avere una sana alimentazione.

2. Se (tu)... anche di musica, la tua formazione sarà completa.

3. Quelle nostre amiche sono gemelle e .... come due gocce d'acqua.

4. Sono esperto di automobili perché............... ne .... da molti anni.

5. Paolo e Michele .... molto nel carattere.

6. La classe .... per evitare che il professore andasse via.

7. Spesso negli animi umani .... sentimenti negativi.

8. Noi .... sempre quando un amico ha bisogno di aiuto.

9. Quando il medico le ha spiegato tutto della sua malattia, la signora Paola ....

10. Io .... in colpa perché non ho passato la copia del compito ai compagni di scuola.

11. Noi .... a disagio quando siamo in compagnia di persone che non sono sincere.

G. Completate il seguente cruciverba con quattro verbi riflessivi o pronominali (erano presenti nel testo).

```
  1 R A S S I C U R A R S I
        2 L A           I
  3 M         R
      4 S     R
      5 N     I
```

H. Volgete le frasi seguenti al passato prossimo.

1. Gli studenti del nostro corso devono laurearsi entro l'anno.
....

2. Per motivi di lavoro, dobbiamo trasferirci in una città del Nord.
....

3. Gli attori possono muoversi più velocemente sul palco.
....

4. Il direttore vuole occuparsi personalmente della pratica.
....

5. Il nostro ospite vuole coricarsi presto.
....

6. Voi dovete recarvi in ufficio?
....

7. L'astronauta deve nutrirsi di cibi particolari.
....

8. Posso tuffarmi dalla barca quando siamo distanti dalla costa.
....

Fate attenzione alla scelta dell'ausiliare. Di solito, se il pronome riflessivo è prima del verbo modale, l'ausiliare è "essere". Se è dopo il verbo principale (forma una parola con esso), l'ausiliare è "avere".
Esempio: Michela e Marco si **sono** voluti sposare in estate.
Michela e Marco **hanno** voluto sposarsi in estate.

I. Chi, che o il che?

1. ……… vuole fare sport deve seguire una dieta equilibrata.

2. Cerchiamo qualcuno ……… suoni bene la chitarra perché vogliamo formare un gruppo musicale.

3. Questo tipo di vacanza serve a ……… voglia davvero staccare e rilassarsi totalmente.

4. Le ultime due canzoni ……… Max ha cantato al concerto sono piaciute molto al pubblico.

5. ……… farà un abbonamento alla rivista entro l'anno, riceverà un bellissimo regalo.

6. Tu fumi troppo; ……… ti fa male.

7. ……… non è esperto di economia, non sa bene come investire i suoi soldi.

8. Condivido quello ……… Max dice a proposito dell'amicizia nella sua intervista.

9. C'è un rapporto di comunicazione immediata tra Max e ……… ascolta le sue canzoni.

10. C'è una tendenza confusa alla spiritualità; ……… porta a scelte avventate.

L. Associate le espressioni con il verbo "tenere" della prima colonna a quelle equivalenti della seconda.

1. Tieni a freno!   **a.** Sorveglialo!

2. Tieni a mente!   **b.** Ricorda!

3. Tienilo a bada!   **c.** Controlla! Modera!

4. Tieni conto di qualcosa!   **d.** Trattienilo!

5. Tienilo d'occhio!   **e.** Non mollare!

6. Tieni duro!   **f.** Prendi in considerazione!

M. Collocate al posto giusto i verbi sottoelencati.

> guadagnare - sperperare - sponsorizzare - investire - costare

1. ……………………………

un'eredità

2. ……………………………

uno stipendio buono

3. ……………………………

un occhio della testa

4. ……………………………

in Titoli di Stato

5. ……………………………

una squadra

5 Euro

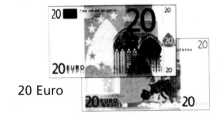

20 Euro

100 Euro

Lavorate in gruppi. Ogni gruppo impersona il ruolo di giornalisti o di gruppi musicali.

Gruppi musicali.

Pensate e scrivete le risposte ad un'intervista.

(Nome/ tipo di musica/ strumenti/ chi ha influenzato la vostra musica/ i paesi visitati/ notizie sulla vita privata/ rapporto tra voi, rapporto con il denaro, con il successo…).

....

....

....

....

....

....

....

....

....

....

....

....

....

Giornalisti

Pensate e scrivete tutte le possibili domande per un'intervista ad un gruppo musicale.

....

....

....

....

....

....

....

....

....

....

....

....

....

Drammatizzate l'intervista.

....

....

....

....

....

....

....

....

....

....

....

....

....

....

....

Unità 3
Le magnifiche trentenni

📰 Pre-lettura

Fate delle ipotesi sul lavoro che svolgono le donne delle foto.

Penso che:

....

....

Lavorate a coppie. Confrontatevi sui possibili significati delle parole scritte sotto in corsivo. (Consultate il dizionario se necessario).

1. A suo modo è una *lady di ferro*.

3. Meglio dimostrare di conoscere *a menadito* il suo curriculum.

2. E' una maratoneta *della porta accanto*.

4. E' stato l'unico *neo* di una carriera *in crescendo*.

Lavorate a coppie. Uno legge M. Grazia Cucinotta e F. Fiacconi. L'altro Simona Ventura e Giovanna Melandri.

Scambiatevi le informazioni che ricordate e completate la lettura di tutto il testo.

Dopo aver letto il testo della pagina seguente, scrivete il nome della persona a cui si riferisce il giudizio critico indicato dal numero.

1. ...Fiacconi......   **2.** ....   **3.** ....   **4.** ....

1 - Dice di lei
Candido Cannavò, direttore della *Gazzetta dello Sport*: «Ha il dono della resistenza mentale. Sa vincere il desiderio di fuggire da se stessi che una gara come la maratona pone continuamente».

2 - Dice di lei
Mario Giordano, il grillo parlante di *Pinocchio* (RaiDue): «I suoi avversari sperano che vada lontano, lontanissimo da loro. Scherzi a parte, è preparata e davvero carina, una qualità che non guasta mai. E poi è la donna giusta al momento giusto: sono pronto a scommettere che farà meglio del suo predecessore ai Beni Culturali».

3 - Dice di lei
Alessandra Comazzi, critico tv: «Piace a tutti perché energica e salutista (non a caso ha sposato uno sportivo). E conquista le donne perché è bella ma con ironia».

4 - Dice di lei
Piera Detassis, direttore di Ciak: «La fortuna (e l'abilità) è stata quella di diventare il simbolo internazionale della bellezza mediterranea, mantenendo un'assoluta riservatezza. Cosa le manca? Solo un pochino di aggressività».

Le magnifiche trentenni

Hanno saputo sognare, aspettare, soffrire. Ma ora sono al top. Ognuna nel suo campo. C'è un filo comune che le unisce. L'età.

di Luisa Simonetto

MARIA GRAZIA CUCINOTTA

A suo modo, è una lady di ferro. Non traggano in inganno le sue forme sinuose, la cascata di capelli corvini, lo sguardo profondo, appena venato di timidezza. Maria Grazia Cucinotta bellissima lo è sempre stata. Ma ha saputo dosare con carattere la sua avvenenza. No alle foto scollacciate quando tutti, ma proprio tutti, gliele chiedevano. No secco anche alle avventure da rotocalco. Molto meglio un matrimonio da favola, con il principe azzurro-imprenditore Giulio Violati. Selezionati, è ovvio, i ruoli cinematografici: sì a *Il postino* di Massimo Troisi, no, tanto per dirne una, all'*Avvocato del diavolo* con Al Pacino. La motivazione? Troppe scene di nudo. *"Non sono avara del mio corpo, ma un po' di mistero bisogna lasciarlo"* sottolinea. *"Ci sono tanti anni avanti a noi, mi svelerò piano piano"*. Strategia vincente quella della temporeggiatrice Cucinotta. Che, all'età tonda di trenta primavere e, mentre nelle sale è uscito *La seconda moglie*, di Ugo Chiti, è sempre più contesa da registi, giornali, TV. Soprattutto, è Hollywood a essersi invaghita di lei, e la vuole. Ci andrà, non ci andrà? Maria Grazia assicura che l'America è nei suoi programmi. Programmi che contemplano anche l'espandersi della famiglia: con un bimbo o, ancora meglio, due. Ma non subito. I piccoli, si sa,

hanno bisogno di cure e la bella attrice in questo è un po' all'antica. Meglio attendere fin quando i tempi saranno maturi.

FRANCA FIACCONI

Ma guarda un po' cosa si nasconde dietro quell'aspetto da ragazza normale, nata e cresciuta a Roma sud: una muscolatura d'acciaio, una leggerezza d'antilope, una determinazione spietata. Caratteristiche indispensabili per bruciare 42 chilometri d'asfalto in 2 ore, 25 primi, 17 secondi.
E arrivare prima tra 32.000 atleti in gara. Franca Fiacconi, unica italiana a essersi aggiudicata il podio più alto nella maratona di New York, sta vivendo la sua "età dell'oro".
Se l'era detto: taglierò il traguardo verso i trent'anni (oggi ne ha 32). *"Prima ci voleva la dura preparazione"*. Sì, è vero, da grande sognava di diventare astronoma.
Ma il cielo marcia con lei, in quelle otto ore di allenamento quotidiano cui la bionda campionessa si sottopone sulle colline laziali di Rocca Canterana, spesso seguita in bicicletta dal marito Luciano Milano. Oppure sola, a ritmo di musica. *"Mi registro le cassette da me. Mi diverto a suonare la chitarra, a disegnare, persino a fare le pulizie. Ho viaggiato tanto e non c'è niente di più bello che starsene a casa"* confida. Niente manie da primadonna dunque: è una ma-

ratoneta della porta accanto. Con l'hobby delle filosofie orientali e il "vizio" dei cartoon (*Speedy Gonzales* su tutti), per rilassarsi.

SIMONA VENTURA

L'anno scorso, la sua trasmissione *Le iene* era a rischio di chiusura: troppe battute ciniche e pochi buoni sentimenti. Ma la showgirl bolognese oggi è tornata in video più "iena" e grintosa che mai (martedì alle 20.35 su ItaliaUno) e, con tre milioni di spettatori, ha vinto la guerra dell'audience. Simona Ventura è fatta così, non si arrende. *"Io sono forte, una donna che non subisce, che fa da sola"*.
"E ora, a 31 anni, mi sento ancora più sicura" dice. *"Non amo le pose stucchevoli, se gioco alla seduzione è per complicità, per trovare un'intesa con il pubblico"*. Il pubblico che gradisce tanta caparbietà (e bellezza) e l'ha seguita dalle prime comparsate TV a successi come *Facciamo Cabaret* e *Matricole*, che riproporrà questa stagione. Con lo stesso entusiasmo e un pizzico di fatica in più: dividerà il camerino con Niccolò, il bimbo nato poche settimane fa dall'unione con il calciatore Stefano Bettarini.
Certo, la Ventura non aspetta. Intende essere super, come mamma e come professionista: ecco perché si è fatta allestire una nursery "dietro le quinte".

GIOVANNA MELANDRI

Merita senza ombra di equivoci il titolo di *"splendida trentasettenne"*. E splendida lo è davvero, tanto carina da neutralizzare le divergenze politiche più esacerbate. L'importante è non dirglielo apertamente. Su questo argomento, Giovanna Melandri ha la battuta pronta: *"Non sono una top model, ma una rappresentante del popolo"*. Punto e a capo. Meglio, molto meglio, allora, dimostrare di conoscere a menadito il suo curriculum: coccinella degli scout, studentessa modello di economia e commercio, attivista di Legambiente dall'88, habitué del Parlamento dal '94, responsabile della comunicazione della Quercia fino all'altro giorno, mamma (da pochissimo) di Maddalena, avuta dal suo compagno l'avvocato civilista Marco Morielli. Una mamma un po' speciale, che finora non ha sbagliato un colpo. Oddio, è ben vero che, all'inizio dell'era Prodi, era stata "rimandata", considerata troppo giovane per il ministero della Solidarietà sociale. Ma è stato l'unico neo di una carriera in crescendo.
Perché lei ce l'ha messa tutta. Ed è stata promossa a pieni voti: eccola qua, infatti, tutta compresa nel ruolo di ministro più giovane (e bello) del governo D'Alema, saldamente al timone dei Beni culturali.

Da "Donna Moderna", 25 novembre 1998

A. **Completate la seguente tabella.**

	tratti fisici	carattere	lavoro	famiglia
CUCINOTTA				
FIACCONI				
VENTURA				
MELANDRI				

B. **Rispondete alle seguenti domande.**

1. Che lavoro fa il marito di Maria Grazia Cucinotta?
2. Quali sono i suoi programmi per il futuro?
3. Quante ore al giorno si allena Franca Fiacconi?
4. Quale lavoro pensava di fare?
5. Quali sono i suoi hobby?
6. Che lavoro fa il marito di Simona Ventura?
7. Che cosa apprezza di lei il pubblico?
8. Perché Giovanna Melandri non è stata nominata ministro nel governo Prodi?
9. In che cosa è laureata?
10. Come è stata la sua carriera ?

C. **Alcune parole sono state attribuite in modo sbagliato. Trovatele e spiegate perché non vanno bene.**

CUCINOTTA	**FIACCONI**	**VENTURA**	**MELANDRI**
b̶i̶o̶n̶d̶a̶	atletica	ironica	preparata
avvenente	tenace	energica	giusta
debole	modesta	salutista	carina
prudente	prima donna	seduttrice	splendida
all'antica	muscolosa	arrendevole	conservatrice
contesa	grassa	insicura	avvocato
aggressiva		grintosa	ambientalista

D. **Segnate i valori dei gerundi delle frasi che seguono, utilizzando le seguenti lettere.**

C1 = causale

C2 = condizionale

C3 = concessivo *(con **pur**...)*

M = modale

S = strumentale

T = temporale

F. P. = forma perifrastica *(con **stare** + ger. .... **andare** + ger. ....)*

1. *Essendo* la mamma ammalata, non partirò questo fine settimana. ...C1...
2. Non *conoscendo* bene la lingua , puoi avere problemi durante il viaggio. ....
3. Pur *avendo fatto* molte guide, non sei ancora pronta per prendere la patente. ....
4. *Facendo* più allenamenti, potresti ottenere buoni risultati alle gare. ....
5. La nostra padrona di casa ci ha accolti *sorridendo* gentilmente. ....
6. Il ladro *stava scappando*, quando improvvisamente è arrivata la polizia. ....
7. I nostri amici *vanno raccontando* che presto ti sposerai. ....
8. *Parcheggiando*, ho urtato contro un'auto. ....
9. *Viaggiando* abbiamo imparato usi e costumi degli altri popoli. ....
10. *Smettendo* di fumare, la tua bronchite migliorerebbe. ....
11. Daniela, *pur mangiando* molta pasta, non ingrassa. ....
12. *Avendo ascoltato* le previsioni atmosferiche, decisero di rimandare il viaggio. ....

E. **Sostituite le parole sottolineate con un gerundio presente (se l'azione è contemporanea alla principale) o composto (se l'azione è anteriore alla principale).**

1. Poiché ha dosato con carattere la sua avvenenza, oggi la Cucinotta è contesa da registi, TV e giornali.
   ....

2. Se avesse meno impegni, l'attrice farebbe un figlio.
   ....

3. Poiché non si è arresa, Simona Ventura è riuscita a vincere la guerra dell'audience.
   ....

4. Anche se ha un bambino, Simona Ventura non rinuncia agli impegni di lavoro.
   Pur ....

5. A forza di remare, raggiungeremo la riva.
   ....

6. Con il gridare, ha svegliato il bambino.
   ....

7. Mentre si allontanava, mi salutava con la mano.
   ....

8. Siccome aveva finito tutti i soldi, non ha potuto continuare a giocare a carte.
   ....

9. Anche se avevano avuto la notizia, i giornali non l'hanno pubblicata.
   Pur ....

10. Con lo sciopero, è possibile far valere i propri diritti.
   ....

Lavorate a coppie o in piccoli gruppi.

Confrontatevi su come, secondo voi, dovrebbero essere (cioè quali requisiti dovrebbero avere) le

seguenti persone:

• una brava attrice

• una brava maratoneta

• una brava showgirl

• un bravo ministro

F. Di o da? (Usate la forma articolata quando è necessaria)

1. Le protagoniste dell'articolo sono donne .... 30 anni.

2. Mamma, è vero che i gatti ci vedono .... notte?

3. Entrò una ragazza .... capelli scuri con un completo .... tennis.

4. La mia famiglia abita qui .... vent'anni.

5. La nostra casa si trova vicino ad un negozio .... fiori.

6. Perché mi tratti .... nemico?

7. È stato un matrimonio .... favola.

8. Quando i nipotini vanno .... nonni fanno salti .... gioia.

9. In città viviamo circondati .... cemento, in campagna, invece, siamo circondati
.... verde.

10. Il vetro è stato rotto .... ragazzi mentre giocavano a pallone.

11. È una signora .... aspetto distinto.

12. Mi sono divertito a leggere delle storie .... fantasmi.

13. Hai preso i biglietti .... visita e quelli .... aereo?

14. Chi .... voi sa rispondere a queste domande?

15. Segna sulla lista .... spesa un chilo .... patate e una lattina .... birra.

16. Hai visto le banconote .... cinquanta Euro?

17. Parlami .... tuoi compagni .... corso e dimmi .... dove vengono.

18. I raccolti sono stati danneggiati .... grandine.

19. È un pacco urgente .... spedire al più presto.

G. **La classe viene divisa in due squadre. Ognuno di voi dovrà indovinare la parola corrispondente alla definizione che l'insegnante legge (sono parole che avete trovato nei testi dell'unità). Se sbagliate la risposta, il gioco passa alla squadra avversaria. Vince la squadra che dà più risposte esatte.**

1. Animale che si nutre di animali morti. Lo si dice anche di persona crudele, avida e vile.
2. Rappresenta il male.
3. Animali che vivono in Africa ed hanno forme agili ed eleganti.
4. È famosa quella a cui partecipano molte persone e che si svolge a New York nel mese di novembre.
5. Si dice di una persona che prende tempo.
6. È sinonimo di tortuoso e si può riferire alle forme di una donna e di un corso di un fiume.
7. Racconto in cui di solito i protagonisti sono animali.
8. È un sinonimo di bello, grazioso, piacevole all'aspetto. Il sostantivo corrispondente è "avvenenza".
9. Si fa afferrando e trattenendo con due o tre dita. Indica anche una piccola quantità. Può accompagnare le parole "sale", "fantasia".

Unità 4
Tre grandi gruppi

📖 Pre-lettura

Nel libro *Dal cavallo a dondolo al computer* di Walker Smith e Ann Clurman si parla di tre grandi gruppi che formano la società di oggi.

Maturi (nati tra il 1909 e il 1945) - **Boomer** (nati tra il 1946 al 1964) - **Generazione X** (nati dopo il 1964)

Provate a fare delle ipotesi, indicando con una X il gruppo generazionale.

	Maturi	Boomer	Generazione X
i più ottimisti		X	
i più insicuri			
i più attivi			

I Maturi.

Sono nati tra il 1909 e il 1945. In Italia, però, secondo il curatore della collana in cui è uscito il saggio, *"le fasce d'età andrebbero spostate di dieci anni perché da noi le generazioni si fanno largo più tardi e i quarantenni vengono etichettati come giovani"*. I Maturi hanno come idea guida il senso del dovere. Infatti la loro preoccupazione, dopo aver fatto la guerra, è stata quella di rimboccarsi le maniche, unirsi
5 per cominciare la ricostruzione. In Italia gente affermata che fa parte di questo gruppo generazionale sono imprenditori come Pietro Marzotto o Leonardo del Vecchio della Luxottica e manager come Franco Tatò. Hanno lavorato duro ed anche per questo giudicano il riposo un premio meritato. Si rilassano leggendo i filosofi tedeschi in lingua originale, valutano le cose in base al loro prezzo, identificando i prodotti con le marche note. Si tratta di persone concrete, solide che preferiscono poche certezze a
10 rischiosi vantaggi. Sicuramente la loro marca preferita di orologio è l'Omega perché è sinonimo di solida affidabilità. Hanno un'innata frugalità che si scontra con il gusto di spendere dei figli. Pur essendo soddisfatti della solidità delle loro imprese, esprimono qualche preoccupazione perché i figli non hanno sofferto e lavorato duramente per costruire qualcosa dal nulla, come invece hanno fatto loro.

A. Completate la seguente tabella.

I MATURI

Idea guida: ....

Il lavoro è: ....

Tra gli italiani: ....

Il riposo è: ....

Caratteristiche: ....

B. **Rispondete alle seguenti domande.**

1. Perché in Italia le fasce d'età andrebbero spostate di dieci anni?

2. I Maturi da che cosa giudicano il valore delle cose?

3. Che cosa preoccupa i Maturi?

C. **Spiegate la scelta del condizionale nella seguente frase.**

"(…) le fasce d'età andrebbero spostate di dieci anni (…)".

D. **Ritrovate nel testo i verbi riflessivi e sottolineateli.**

E. **Scrivete i verbi da cui sono formati con il suffisso *-tore* i seguenti nomi di agente e indicatene il significato.**

VERBI	AGENTE	SIGNIFICATO
curare	curatore	chi cura, chi prepara opere scientifiche o letterarie per la pubblicazione
....	lettore	....
....	importatore	....
....	investigatore	....
....	assicuratore	....
....	direttore	....
....	programmatore	....
....	collaboratore	....
....	cantore	....

F. **Scrivete gli aggettivi o i sostantivi mancanti.**

AGGETTIVI	SOSTANTIVI
frugale	....
....	certezza
bello/a	....
soddisfatto/a	....
solido/a	....
....	eleganza
arrogante	....
....	preoccupazione

G. **Ricercate nel testo le parole che corrispondono alle seguenti definizioni.**

1. Serie di libri stampati dallo stesso editore e con veste tipografica comune (r. 1) ....

2. Mettere un'etichetta, qualificare in modo generico (r. 3) ....

3. Ciò che è assegnato per merito o altri motivi (r. 7) ....

4. Pieno di rischio, di pericolo (r. 10) ....

5. Che si ha per natura e non per educazione o esperienza (r. 11) ....

I Boomer

Il secondo gruppo generazionale, quello dei Boomer, che sono nati tra il 1946 e il 1964, è il più fortunato perché ha vissuto gli anni migliori del nostro secolo, il periodo del boom economico.

È proprio da qui che deriva il nome che viene utilizzato per indicarli. Il benessere economico in cui loro sono vissuti è stato conquistato con il sudore dei Maturi. Hanno, comunque, contestato il mondo degli

5 adulti e lo hanno cambiato come desideravano. Non avendo dovuto affrontare gravi preoccupazioni economiche, pensano che tutto si aggiusterà. Sono, insomma, degli inguaribili ottimisti per i quali il lavoro e i soldi sono un piacere. Il lavoro, però, è anche un'avventura per loro che, in quanto individualisti ed anticonformisti, sono l'opposto dei loro genitori.

L'aver avuto fortuna presto ed in fretta li porta in alcuni casi a lasciarsi andare a qualche arroganza,

10 anche se continuano a risultare gente simpatica. Se pensiamo ad italiani famosi, possiamo citare il regista Nanni Moretti. Nei suoi film i protagonisti, nonostante tutto, vogliono godersi i piccoli piaceri della vita con giganteschi barattoli di Nutella (nel film *Bianca*), bighellonando in Vespa (*Caro diario*), esultando per la nascita del primogenito (*Aprile*). Si concentrano, insomma, sull'autogratificazione.

Un altro nome illustre è il cantante Francesco De Gregori; nelle sue canzoni parla di un' Italia pasticciona

15 e provinciale che riesce comunque a restare sempre a galla. Nel mondo degli imprenditori, si può citare Renzo Rosso della Diesel. Essi non temono di sfidare i grandi, vestono casual con disinvoltura anche al lavoro, amano vivere senza programmi e, a differenza dei Maturi che coccolano il ricordo del primo bacio, loro coltivano quello della prima casa. Infatti, se i Maturi guardano allo spazio esterno, cioè ai campi da arare, ai terreni da edificare, i Boomer prediligono lo spazio interno, le stanze delle loro case

20 confortevoli e ben arredate da godersi in pace. Invecchiando, se sarà possibile, non vorranno smettere mai di lavorare. Anche perché a quel tempo si saranno già spesi perfino l'eredità dei figli, i quali si troveranno così con una lista di debiti da pagare prima ancora di farsi largo nel mondo del lavoro.

A. **Completate la seguente tabella.**

I BOOMER

Idea guida:	....
Il lavoro è	....
Rapporto con il denaro:	....
Abbigliamento:	....
Tratti del carattere:	....

B. **Rispondete alle seguenti domande.**

1. Perché questa generazione viene chiamata Boomer?

2. Perché sono un po' arroganti e inguaribili ottimisti?

C. **Sostituite le parole in corsivo con altre forme equivalenti del comparativo e del superlativo.**

1. Credo che il dolce di oggi sia *più buono* (....................................) di quello di ieri.

2. Ilaria è *la più piccola* (....................................) delle sorelle.

3. Stai *più bene* (....................................) della settimana scorsa.

4. *Buonissima* (....................................) questa macedonia!

5. Il capo ha un umore *più cattivo* (....................................) del solito.

6. Michele è *il più grande* (....................................) dei figli.

7. Come va? Va *benissimo* (....................................)

8. Comprando quell'appartamento, hai fatto un *cattivissimo* (....................................) affare.

D. **Cruciverba.**

1. Perdere il tempo senza concludere nulla (r 12)

2. Criticare in modo radicale (r 4)

3. Lo si fa quando si accetta una sfida (r 16)

4. Usare modi teneri e dolci verso qualcuno (r 17)

5. Sentire e manifestare una grande allegrezza (r 13)

6. È un sinonimo di fabbricare, costruire (r 19)

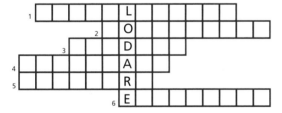

E. **Completate le frasi con le forme verbali opportune, scegliendo i verbi tra i seguenti.**

> coltivare - bighellonare - edificare - sfidare - contestare - coccolare - esultare - godersi - aggiustare - concentrarsi

1. Quei ragazzi .... tutto il giorno per le strade della città e dedicano poche ore allo studio.

2. Nel 1968 i giovani scendevano in piazza per ....

3. In piazza .... un monumento in onore del grande musicista nato nella città.

4. Il vincitore della gara, il prossimo anno, ... il campione in carica.

5. Quando ero bambina, mia madre mi .... molto.

6. I tifosi .... quando la loro squadra segna un gol.

7. Per rispondere all'ultima domanda del quiz televisivo, il concorrente .... per qualche minuto.

8. Il contadino non .... più questo terreno perché non è fertile.

9. Tra una settimana partirò per le vacanze e .... il mio meritato riposo.

10. Il mio orologio non va e dovrò farlo ....

F. **Ricercate nel testo le parole che corrispondono alle seguenti definizioni.**

1. Liquido prodotto dalle ghiandole sudoripare (r 4) ....

2. Modo di comportarsi dettato da un senso di superiorità nei confronti degli altri (r 9) ....

3. Primo figlio (r 13) ....

4. Elenco di cose o persone (r 22) ....

Generazione X

Comprende i nati dopo il 1964. A differenza dei Boomer che sono vissuti con il padre e la madre, in molti casi, gli X hanno alle spalle famiglie divorziate. Sono meno fortunati ed insicuri. Il loro nome deriva dal titolo di un libro di Douglas Coupland che pretendeva di descriverli, anche se una delle cose che essi odiano di più è essere etichettati. Generazione X perché privi di un'identità definita. L'autore
5 si esprime così parlando di loro: *"Individui fanaticamente indipendenti, patologicamente ambivalenti circa l'avvenire, traboccanti di desiderio di stabilità, d'amore e di avere una casa propria"*. Loro hanno visto sgretolarsi qualche comoda certezza, anche se sono vissuti in un periodo lontano dagli orrori della Seconda Guerra Mondiale. Sono più individualisti dei loro genitori. Ma sanno apprezzare il valore della stabilità e, per questo, assomigliano di più ai Maturi che ai Boomer. Vogliono sposarsi giovani per fare
10 figli quando si ha l'età per goderseli. Sono capaci di affrontare le incognite ed i rischi perché i tempi difficili ed indecifrabili in cui sono vissuti li hanno allenati a ciò. Questi X pensano positivo, come dice Jovanotti e continuano a farlo anche quando scelgono il male minore. E, tuttavia, non manca in loro una vena di cauto pessimismo. La cosa più difficile con loro è, comunque, cercare di sedurli con qualche colpo di scena. Infatti, grazie alla televisione ed Internet, sono portati a vedere come abituale ed
15 ordinario ogni orizzonte, perfino il centro di una città sottoposta ai bombardamenti e da cui una troupe televisiva può trasmettere i suoi servizi giornalistici. In Italia la generazione X stenta a farsi largo.

A. **Completate la seguente tabella.**

GENERAZIONE X

Tratti del carattere: ....

Valore: ....

B. **Rispondete alle seguenti domande.**

1. Perché vengono chiamati Generazione X ?

2. Perché sono meno fortunati degli altri due gruppi?

3. Cosa vuol dire che in Italia devono ancora farsi largo?

4. Perché è difficile sorprenderli?

C. **Completate la sintesi seguente, scegliendo le parole tra quelle scritte sotto.**

per questo motivo - invece - mentre - perché - in ogni caso - tuttavia - ancora - infatti - in realtà - al contrario - perfino - anche

.... (1) i Maturi hanno dato molta importanza al lavoro e si sono dati da fare per ricostruire il Paese, i Boomer, ... (2), considerano il lavoro un'avventura. .... (3) dei loro genitori, spendono con facilità i soldi e sarebbero capaci .... (4) di lasciare debiti da pagare ai propri figli. Non si lasciano abbattere dalle difficoltà .... (5) hanno una visione ottimistica della vita. (6) .... godono di tutto ciò che il presente offre loro, senza fare programmi per il futuro e, (7) .... quando si trovano nei guai, pensano che tutto si aggiusterà. (8) .... risultano meno individualisti dei figli che, ... (9), non hanno .... (10) un' identità definita. .... (11) bisogna dire che la Generazione X sa apprezzare il valore della stabilità e, ... (12), è più vicina alla generazione dei Maturi.

D. **Eliminate da ogni gruppo di parole quella che risulta estranea perché ha un valore diverso.**

Per questo motivo	nel frattempo	in ogni caso	infatti
Perciò	tuttavia	comunque	difatti
Pertanto	ma	allora	cioè
Per questa ragione	però	quindi	una volta
~~Affinché~~	eppure	adesso	ossia

E. Indicate se i verbi delle frasi seguenti sono usati transitivamente o intransitivamente e completate con l'ausiliare giusto.

Transitivo   Intransitivo

1. Quando io .... salita in camera sua, era già a letto.
2. Ieri io .... salito le scale in fretta ed avevo il fiatone.
3. Mio zio .... vissuto una vita piena di avventure.
4. I nostri nonni .... vissuti all'estero.
5. Noi .... cambiato camera.
6. Dopo la nascita del primo figlio, la loro vita .... cambiata.
7. Sono golosa ed .... finito tutti i cioccolatini.
8. La conferenza .... finita più tardi del previsto.
9. Luigi .... cominciato ieri un nuovo lavoro.
10. Il concerto .... cominciato con un'ora di ritardo.
11. Il suo ragazzo .... sceso appena l'ha vista.
12. Lui .... sceso le scale lentamente per non cadere di nuovo.
13. I nostri amici non .... passati perché era tardi.
14. Luigi e Carla .... passato momenti felici.

F. Ricercate nel testo le parole che corrispondono alle seguenti definizioni.

1. Ciò che è costituito da immagini, scene, situazioni che danno violente sensazioni di paura, ripugnanza (r 7) ....
2. Evento, fatto, situazione non prevedibile (r 10) ....
3. Atto, effetto del colpire uno o più obiettivi con bombe (r 15) ....

G. Nelle seguenti frasi, quando è possibile, collocate l'aggettivo tra parentesi nella posizione più opportuna, tenendo conto che ha un valore prevalentemente descrittivo, se è prima del nome ed ha un valore distintivo - restrittivo, se è messo dopo il nome.

Esempio: Il terremoto ha distrutto le *vecchie* case della città.
(Tutte, perché erano tutte vecchie)
Il terremoto ha distrutto le case *vecchie* della città.
(Solo quelle vecchie)

1. Ho incontrato un .... amico .... (vecchio).
2. Per arrivare prima devi prendere la .... strada .... (statale) e non quella provinciale.
3. Ho voglia di un .... gelato .... (buono).
4. Mi piacerebbe mettere nel soggiorno un ....
   mobile .... (indiano).
5. I/Gli............. piatti............... (italiani) sono conosciuti in tutto il mondo.

> **...▶** Vengono usati esclusivamente o preferibilmente dopo il nome i seguenti aggettivi:
> 1. che esprimono nazionalità
>   es.: è *uno studente americano*.
> 2. che indicano forma, materia
>   es.: *una scatola rotonda*.
> 3. derivanti da participi, presenti o passati.
> 4. che, derivando da un nome, stabiliscono una relazione tra il nome e l'aggettivo.

6. Ho conosciuto un .... ragazzo............... (simpatico).

7. Sono di ottimo umore perché ho ricevuto una .... notizia............. (buona).

8. Ho trovato una.................. casa .... (nuova) e ci andrò ad abitare il mese prossimo.

9. La protagonista del film è una .... donna .... (avvenente).

10. Ho superato l'/ lo .... esame .... (scritto) e domani avrò l'orale.

11. È senza dubbio un ....libro .... (interessante).

12. Il/ L' .... popolo .... (italiano) ha il piacere della buona tavola.

13. Per risolvere i problemi energetici dobbiamo sfruttare la .... energia .... (solare).

14. La .... piazza .... (quadrata) del paese era piena di addobbi natalizi.

H. **Scrivete le parole corrispondenti ai seguenti significati.**

MATURI

Dedito al lavoro
= ....laborioso/attivo.........

vicino alla realtà

= ....

che ha certezze, non è debole

= ....

che non eccede, che non esagera
= ....

BOOMER

che contesta

= ....

che dà importanza
alle proprie esigenze

= ....

che ama i piaceri, la
vita comoda e spensierata

= ....

che rifiuta le idee comuni

= ....

che spende con facilità

= ....

GENERAZIONE X

Che non dipende da altri

= ....

che non è ottimista

= ....

persona che non capiamo

= ....

che non è sicuro

= ....

I. **Completate in modo opportuno le seguenti frasi, usando "più... di" o "meno... di".**

1. I Maturi sono .... concreti .... Boomer.

2. I Boomer sono .... individualisti .... Maturi.

3. I Boomer sono .... parsimoniosi .... Maturi.

4. I Maturi sono .... laboriosi .... Boomer.

5. La Generazione X è .... fortunata .... Boomer.

6. La Generazione X è .... pessimista .... Boomer.

7. La Generazione X è .... individualista .... Boomer.

8. I Boomer sono .... spendaccioni .... Maturi.

9. I Maturi sono .... goderecci .... Boomer.

10. La Generazione X è .... insicura .... Maturi.

L. **Completate le frasi con il nome del gruppo generazionale giusto.**

1. .... sono i più ottimisti dei tre gruppi.

2. .... è la più indecifrabile dei tre gruppi.

3. .... sono i più fortunati dei tre gruppi.

4. .... sono i più laboriosi dei tre gruppi.

5. .... è la meno fortunata dei tre gruppi.

6. .... è la più individualista dei tre gruppi.

7. .... sono i più goderecci dei tre gruppi.

8. .... sono i più parsimoniosi dei tre gruppi.

M. **Collocate sotto la colonna giusta le seguenti parole.**

> *arcistufo - sovraffollato - più onesto - incredibilmente ricco - estremamente interessante - ordinario - assai voluminoso - celeberrimo - acerrimo - il meno alto - rettangolare - gigantesco - meno simpatico - la più avvenente - ubriaco fradicio - stanco morto - meno provinciale - luminosissimo - migliore - pessimo - maggiore*

GRADO POSITIVO	GRADO COMPARATIVO	GRADO SUPERLATIVO RELATIVO/ASSOLUTO
....	....	....
....	....	....
....	....	....
....	....	....
....	....	....
....	....	....
....	....	....
....	....	....
....	....	....

N. **Trovate nel puzzle almeno 8 verbi riflessivi incontrati nei testi letti e cerchiateli.**

R	M	G	N	O	S	T	R	I	N	G	E	R	S	I	O
D	B	E	S	T	T	M	N	G	H	O	R	Q	V	L	Z
R	S	B	C	E	U	G	D	N	Z	D	P	T	O	I	S
Q	V	M	O	B	G	R	Q	C	L	E	O	R	R	M	N
I	D	E	N	T	I	F	I	C	A	R	S	I	B	I	A
D	O	R	T	G	D	P	T	V	A	S	R	O	M	T	O
R	U	I	R	L	L	O	D	E	Q	I	T	M	L	A	O
D	R	T	A	G	G	I	U	S	T	A	R	S	I	R	N
G	S	A	R	C	O	N	C	E	N	T	R	A	R	S	I
T	R	R	S	P	R	O	T	E	G	G	E	R	S	I	P
Q	S	S	I	S	G	R	E	T	O	L	A	R	S	I	A
V	B	I	H	M	T	C	Q	R	B	U	L	L	I	G	I

Scrivete una frase con ogni verbo trovato.

Completate la seguente tabella.

AGGETTIVO GRADO POSITIVO	AVVERBIO GRADO POSITIVO	AVVERBIO GRADO COMPARATIVO DI MAGGIORANZA	AVVERBIO GRADO SUPERLATIVO
....	bene	meglio	ottimamente molto/assai/bene benissimo
....	male	peggio	pessimamente
....	grandemente	maggiormente	massimamente

Lavorate a piccoli gruppi sui seguenti argomenti.

• Di quale generazione fate parte?

• Che cosa pensate di quello che si dice a proposito della vostra generazione?

• Conoscete altre persone che vi sono vicine e che potrebbero far parte di un gruppo diverso dal vostro (genitori/ parenti/ amici). Sono molto diversi da come sono descritti nell'articolo o hanno caratteristiche simili?

• Descriveteli, parlando del loro stile di vita, del loro comportamento verso gli altri, dei loro valori, del loro rapporto con il denaro.

Produzione scritta.

Parlate di voi confrontandovi con quello che si dice del vostro gruppo generazionale.

Unità 5
Il volontariato fra i giovani

📖 Pre-lettura

Associate le sigle al nome cui si riferiscono per capire di cosa si occupano queste organizzazioni.

1. WWF   **a.** Associazione ricreativa culturale italiana
2. I.C.S.   **b.** Lega Italiana per la lotta all'AIDS
3. LILA   **c.** Fondo Mondiale per la natura
4. ARCI   **d.** Consorzio Italiano di Solidarietà

👥 Scambiatevi le seguenti domande.

- Avete mai fatto parte di un'associazione di volontariato? Raccontate la vostra esperienza in proposito.
- Conoscete qualcuno che vi fa parte?
- Sapete di cosa si occupano le più importanti associazioni di volontariato nel vostro paese? (ambiente/anziani/tossicodipendenti...)

Leggete il testo seguente.

Molti giovani s'interessano agli altri in un momento della loro vita in cui quasi tutti pensano a se stessi o a come scardinare le resistenze del mondo dell'occupazione. Regalare tempo a una persona, trasformare l'impegno in significato, non solo in guadagni, mettersi alla prova e fare qualcosa di concreto, questi sono gli scopi di alcuni giovani volontari che hanno fatto scelte coraggiose ed ammirevoli. Se gli chiediamo perché
5 lo fanno, la loro risposta è secca: *"Lo facciamo perché ci sembra giusto"*. Entriamo nel mondo del volontariato attraverso alcune storie.
Giuseppe Messina, 23 anni, è volontario all'ARCI di Palermo. Si occupa di adolescenti e mafia. Lavora con i ragazzi usciti dal carcere o colpiti da altri provvedimenti giudiziari. Realizza progetti di legalità per aiutarli a capire che la mafia è ovunque, è prepotenza, sfruttamento sociale, è uno stipendio bassissimo per lunghe
10 giornate lavorative. Dedica a questa attività una ventina di ore alla settimana. Vorrebbe creare una cooperativa sociale. Fa volontariato perché crede che la realtà si possa modificare dal basso. Claudia Allegri, 22 anni, è volontaria al WWF di Roma. Accoglie i nuovi volontari, spiega loro cosa fare e fa parte del gruppo che organizza le varie manifestazioni. Per lei è una bella esperienza da condividere con gli altri. Insieme, montano tavolini, scelgono magliette, organizzano seminari per raccontare alla gente quali rischi corre l'ambiente. Il numero
15 delle ore di impegno varia secondo i periodi. Normalmente hanno un paio di riunioni serali ogni settimana e sono quasi sempre impegnati il sabato e la domenica. Il volontariato a Claudia piace perché è concretezza e lei sentiva il bisogno di cose pratiche. Sandro Cavani, 24 anni, si occupa di commercio equo, cioè di prodotti eco-solidali. Vende cibi, oggetti artigianali e indumenti prodotti nel Sud del mondo. Questo impegno tende ad eliminare quello sfruttamento che da sempre caratterizza i rapporti economici tra paesi ricchi e paesi poveri.

20 Sta al bancone, scarica la merce in magazzino, compila gli ordini, scrive le schede informative di ogni prodotto, così chi compra può conoscerne la storia. Lo fa per un senso di giustizia nei riguardi di questi paesi. Alessia Marchi, 24 anni, è volontaria alla lega italiana per la lotta all'Aids, la Lila, a Milano. Ha iniziato al centralino, dando informazioni sulla malattia e sulla prevenzione. Poi si è occupata dell'assistenza domiciliare, visto che è infermiera. Questi malati hanno bisogno soprattutto di un sostegno emotivo, vogliono qualcuno che li ascolti

25 e parli con loro. Dedica alla Lila almeno otto ore settimanali. All'inizio è stato difficile. Molti le chiedevano: *"Perché lo fai? Loro se la sono andata a cercare. Ma tu non hai paura del contagio?"* Domande che sente ripetersi ancora oggi. Lei risponde che nessuno va a cercarsi nulla e che nella vita non si deve giudicare ma aiutare. Sara Miccoli, 25 anni, è volontaria all'I.C.S. di Roma, Il Consorzio Italiano di Solidarietà. Ha cominciato tre anni fa. È stata in un campo di lavoro, dove si occupava di animazione con i bambini, di asili nido, attività

30 sportive. Lo fa perché le piace conoscere Paesi e culture diverse, ma soprattutto mettersi in relazione con gli altri per aiutarli a risolvere i loro problemi. Quando fa questo tipo di attività, ha risposte pratiche immediate. Pietro Roma, 26 anni, fa un programma radiofonico per la Lila. Secondo Pietro, contrariamente a quello che è il pensare comune, i giovani volontari non sono tristi ma persone solari che ridono, scherzano e sono soddisfatti di se stessi. Il rapporto che li lega, poi, è qualcosa di speciale e tra loro si creano amicizie fortissime. *"Essere*

35 *soddisfatti oggi è quasi un miraggio per molti giovani perché viviamo in un mondo sempre più competitivo, con modelli distorti. Certo chi è maturo non si deprime e pensa a crescere. Ma c'è anche chi va in crisi e cerca qualche minuto di protagonismo artificiale con qualche pasticca. La solidarietà diventa il motore di questi ventenni impegnati nel sociale. Essi hanno bisogno di concretezza. Dopo tante parole e tanta teoria, anche nella scuola, hanno un gigantesco bisogno di pratica".* Pietro dice anche che il volontariato non è solo un

40 impegno per gli altri, ma anche per se stessi. È come per i regali. È bello riceverli, ma anche farli".

A. **Lavorate a coppie e confrontate quello che avete capito.**

B. **Rileggete e completate la seguente tabella.**

	Tipo di volontariato	Perché lo fa
Giuseppe Messina	si occupa di	....
Claudia Allegri	....	....
Sandro Cavani	....	....
Alessia Marchi	....	....
Sara Miccoli	....	....
Pietro Roma	....	....

C. **Ognuno corregge la tabella del compagno e poi verificate le risposte con l'aiuto dell'insegnante.**

D. **Confrontatevi e dite quali sono, secondo voi, i valori dei seguenti infiniti.**

"Regalare tempo a una persona... (r. 2) ....

"Trasformare l'impegno in significato... (r. 2) ....

"Mettersi alla prova... (r. 3) ....

"...secondo il pensare comune... (r. 33) ....

E. Analizzate i seguenti infiniti e dite se: a) hanno valore di nome; b) esprimono dubbio; c) esprimono un comando; d) esprimono desiderio; e) indicano il tempo di un'azione.

	a	b	c	d	e
1. Prendere una compressa tre volte al giorno.			x		
2. Continuare a giocare o accontentarsi dei soldi vinti?					
3. Potergli parlare almeno una volta ancora!					
4. A sentirlo parlare, sembra un uomo molto colto.					
5. Con il continuo navigare su Internet, esploriamo mondi diversi.					
6. Rallentare! Lavori in corso.					
7. Nell'apprendere la notizia, manifestò sorpresa.					
8. A vederlo, sembra molto più vecchio.					
9. L'aver studiato molto non vuol dire conoscere le cose pratiche della vita.					
10. Che fare?! Non ho idea.					

F. Collocate al posto giusto gli infiniti, scegliendoli tra i seguenti.

mettersi - dedicarsi - realizzare - rispettare - assistere - cambiare - sentire

1. .... progetti di educazione alla legalità comporta molto impegno.

2. .... al volontariato è lodevole.

3. .... alla prova aiuta a mantenere i piedi per terra.

4. .... il mondo dal basso è uno degli obiettivi di questi giovani.

5. .... la natura deve essere un impegno di tutti.

6. .... i malati di AIDS potrebbe essere pericoloso secondo il .... comune.

G. Completate i periodi seguenti con il verbo appropriato e coniugato all'infinito, presente o passato.

1. Dopo .... l'annuncio sul giornale, telefonò per chiedere informazioni sulla camera.

2. Temo proprio di .... molti errori nell'ultimo compito di matematica.

3. Per .... in tempo alla stazione, devo prendere un taxi.

4. Credo di .... le tue ragioni.

5. Vi telefoneremo dopo .... a casa.

6. Non possiamo correre il rischio di .... l'aereo.

7. Quel ragazzo è così ingenuo da .... sempre nei guai.

8. .... l'inglese gli ha permesso di vincere il concorso.

H. **Cercate nel testo le parole che corrispondono alle seguenti definizioni.**

1. Levare dal cardine, guastare (r. 2) ....
2. Si dice di ciò che è brusco, deciso (r. 5) ....
3. Conformità alla legge (r. 8) ....
4. Luogo per i bambini fino a tre anni (r. 29) ....
5. Situazione o attività per stimolare una partecipazione attiva (r. 29) ....

I. **Scrivete in parentesi il significato di "ne" nelle seguenti frasi.**

Es.: Grazie alle schede informative, chi compra un certo prodotto può conoscer*ne* (del prodotto) la storia.

1. Paolo è innamoratissimo di Stefania: si capisce da come ne (=   ) parla.
2. Come vedi abbiamo ristrutturato l'appartamento. Che te ne (=   ) pare?
3. Ho finalmente trovato il lavoro che cercavo. Ne (=   ) sono felice.
4. Non vedo Carla e Sara da molto tempo. Tu ne (=   ) hai notizie?
5. È entrato in classe e ne (=   ) è uscito dopo un'ora.
6. Me ne (=   ) vado perché qui non ci sto bene.
7. Ti rendo il tuo pacchetto di sigarette; ne (=   ) ho fumate poche.
8. Non sono convinta di vendere a quel prezzo; ne (=   ) riparleremo con calma.
9. Il proiettile ha raggiunto improvvisamente i tre poliziotti e uno di loro ne (=   ) è stato colpito a morte.

Dite che cosa sostituisce il pronome "*lo*" nella frase seguente (r. 5) ....
Lo facciamo perché ci sembra giusto.

L. **Indicate con una freccia a che cosa si riferisce il pronome "lo" nelle frasi seguenti.**

Es.: *Ero affamata: ho comprato un panino e l'ho divorato in un attimo.*

1. Dopo la lunga passeggiata noi eravamo stanchi, ma i nostri genitori non lo erano affatto.
2. Sai chi è il nuovo direttore della nostra agenzia? Non lo so.
3. Alessia è una bella ragazza, ma la cugina non lo è.
4. Ci piacerebbe tanto partire con voi, ma il direttore non ce lo permette.
5. È difficile per me vendere questo quadro: non potrei proprio farlo.
6. Il mio vicino mi disturba continuamente ed io non lo sopporto più.
7. Perché continua a drogarsi? Perché lo fa?
8. Non voglio lo zucchero nel caffè, lo preferisco amaro.

M. **I titoli dei vari trafiletti che descrivono alcune caratteristiche dei volontari sono dati accanto alla rinfusa. Collocateli al posto giusto.**

1. ....MEZZO...

La vecchia bici rappresenta sia la voglia di avventura di questi ragazzi
che il loro rapporto con la natura. Naturalmente non si tratta della bicicletta
di moda dai costi molto elevati, ma di una bici spartana e povera.   CONSUMI

2. ....

Usano soprattutto prodotti eco - solidali, fabbricati nel sud del mondo:
America Latina, Asia, Africa. Conoscono il valore delle cose e tendono a
non cambiarle spesso come siamo soliti fare in questa corsa al consumismo.   STILE DI VITA

3. ....

Il volontario è sensibile ed attento ai bisogni sociali ed ambientali.
Rispetta la natura, ricicla i prodotti e tende ad evitare il superfluo.   FILM

4. ....

Poiché per loro è importante essere e non apparire,
non hanno bisogno di abiti firmati.
Vestono con abiti comodi, pratici. Non si sentono eroi ma amano vivere "sul campo",
che può essere una strada, un bosco, un'infermeria, un centro d'incontro…   LOOK

5. ....

Piace a questi giovani perché è un cantante che va controcorrente senza farlo
vedere troppo. Inoltre, anche se è una star della canzone italiana, tuttavia,
crede nei valori concreti. Anche lui ama la natura e la semplicità.   SIMBOLO

6. ....

"La città della gioia", tratto dall'omonimo romanzo, racconta la vita dei
poveri di Calcutta e l'impegno ammirevole di un medico americano che
cambia tutto il suo modo di vivere per dedicarsi agli altri.
È un esempio di volontariato estremo.   JOVANOTTI

7. ....

La pace, simboleggiata dal famoso disegno di Pablo Picasso, è
uno dei valori-chiave dei giovani volontari. Oltre alla pace, un altro valore
importante è la solidarietà. Naturalmente essa non si riferisce solo alle relazioni
internazionali, ma anche ai rapporti personali. I volontari, infatti,
odiano gli egoisti ed offrono solidi e forti legami di amicizia.   MEZZO

N. **Rispondete alle seguenti domande.**

1. Quali prodotti preferiscono comprare i giovani del volontariato?

2. Qual è il loro rapporto con il consumismo?

3. Con quale mezzo preferiscono muoversi e perché?

4. Che tipo di abbigliamento preferiscono? È importante per loro avere capi firmati o seguire la moda?

5. Quale cantante italiano preferiscono e perché?

6. La pace del loro simbolo rappresenta solo la pace tra i popoli o altro?

7. Dove è ambientato il loro film preferito?

O. **Ritrovate nel testo le parole corrispondenti alle seguenti definizioni.**

1. Il movente, lo stimolo, il motivo determinante (r. 37) ....

2. Che si riferisce al sole, chiaro, luminoso (r. 33) ....

3. Illusione, speranza non realizzabile (r. 35) ....

4. Che riguarda o si basa su una competizione (r. 35) ....

5. Sinonimo di pastiglia; è costituita da polveri o impasti ed ha spesso una forma rotonda (r. 37) ....

P. **Lavorate a coppie o a piccoli gruppi. Scambiatevi le informazioni e completate la tabella seguente su un possibile profilo psicologico del volontario.**

Età media: ....

Realtà di provenienza: ....

Carattere: ....

Comportamento verso gli altri: ....

Valori: ....

Modo di vestire: ....

Rapporto con la natura: ....

I suoi consumi: ....

Il suo cantante preferito: ....

N. **Scrivete un breve testo, utilizzando le informazioni della tabella.**

I volontari di cui si parla nelle letture sono ragazzi giovani dell'età media di ....

....

....

....

....

....

....

....

Q. **Scrivete i sostantivi corrispondenti ai seguenti aggettivi.**

Concreto/a ....

Solidale ....

Comodo/a ....

Semplice ....

Prepotente ....

Giusto/a ....

Pratico/a ....

Legale ....

Competitivo/a ....

R. **Completate con le espressioni opportune, scegliendole tra le seguenti e facendo attenzione al significato espresso in parentesi.**

farne a meno - volermene - gliene dice di tutti i colori - ne vale la pena - non ne può più - me ne avrò a male - ne fanno di cotte e di crude

1. Tu, per favore, non .... (provare risentimento), se non ti ho aiutato a trovare lavoro.

2. Ti consiglio di visitare le coste del Sud dell'Italia perché .... (merita).

3. Il capufficio è una persona autoritaria e poco gentile; quando la sua segretaria sbaglia .... (le parla in modo violento ed aggressivo).

4. Il marito .... (non può più sopportare) delle scenate di gelosia della moglie.

5. Se non mi sceglierai come testimone per il tuo matrimonio, ... (mi offenderò).

6. Quando il maestro si allontana, i ragazzi .... (fanno azioni non buone).

7. È dovuto partire improvvisamente; non ha potuto .... (evitare di partire) perché doveva risolvere i gravi problemi finanziari che aveva.

S. **Mettete la preposizione giusta dopo i verbi seguenti.**

Verbi che accompagnano altri verbi ed esprimono l'inizio o la ripresa dell'azione:

cominciare

iniziare

riprendere .... studiare

accingersi

mettersi

ricominciare

Verbi che esprimono lo svolgimento, la durata dell'azione:

continuare

seguitare

insistere .... cantare

persistere

ostinarsi

Verbi che esprimono la fine dell'azione:

finire

cessare

smettere .... gridare

piantarla

terminare

T. **Completate le frasi seguenti con la preposizione adatta semplice o articolata.**

1. Signorina, Le consiglio .... guidare con prudenza

2. Appena la vide, incominciò .... scusarsi con lei.

3. Abituatevi .... alzarvi presto la mattina.

4. Sbrighiamoci .... uscire se non vogliamo perdere l'autobus.

5. Signor Rossi, La prego .... venire subito perché devo parlarLe.

6. Ci invita .... discutere con lui.

7. Non esitate .... chiedere il rimborso.

8. Piantala .... lamentarti.

9. Ho imparato .... nuotare a quattro anni.

10. Si ostina .... chiedere un prestito.

11. Seguita .... parlare del suo passato e non si accorge .... annoiare il gruppo.

12. A che ora terminate .... lavorare il sabato?

13. L'atleta tenta .... migliorare il suo record.

14. Il mio ragazzo si sforza .... sembrare paziente ma in realtà non lo è.

15. Il cane ha impedito ai ladri .... entrare nella casa.

16. Mi piacerebbe convincerti .... smettere .... fumare.

A. **Sei un famoso cantante di musica leggera e un giornalista di una rivista per giovani ti intervista. Rispondi in modo appropriato alle sue domande.**

Le Sue canzoni sono ai vertici delle classifiche, ha venduto milioni di dischi ed è conosciuto in tutto il mondo. Qual è la chiave di questo successo?

....

Come investe i soldi che guadagna?

....

Come mai, pur non essendo più giovanissimo, non è ancora sposato?

....

Un divo deve essere sempre magro?

....

Come veste solitamente? Perché?

....

La sua attività La impegna molto o Le resta il tempo per qualche hobby?

....

Il successo L'ha cambiata?

....

Quali valori sono importanti per Lei?

....

Di che cosa ha paura?

....

Cosa avrebbe fatto se non avesse fatto il cantante?

....

...... /10

B. **Mettete al posto dei puntini le parole giuste, scegliendole tra le seguenti.**

nel - cima - Aurora - nuovo - familiare - esperienza - palco - apprezzare - più - di - intervista - paura - vincere - festeggiato - è - farsi - vita - il - positivo - che - quando - Remo - lo - disciplinato - chirurgica - pensato - evitare - tempo

Nel 1997 Pino Daniele ha .... (1) vent'anni di carriera ed ..... (2) suo ultimo CD solare e .... (3) ha portato l'artista partenopeo in .... (4) alle classifiche. Da pochi mesi ...... (5) diventato padre di una bambina, ... (6), e la sua felice situazione .... (7) è alla base dei testi del .... (8) album. Il cantante afferma in una .... (9) che gli piacerebbe controllare il .... (10) perché ha una grande .... (11) d'invecchiare. Comunque cerca di .... (12) questa paura e di non ....(13) sopraffare dalle piccole cose inutili .... (14) fanno perdere il senso della .... (15). A volte è difficile, ma ....(16) ci riesce, si sente soddisfatto. .... (17) 1989 ha vissuto una brutta .... (18): durante un'esibizione a San .... (19), ha avuto un infarto che .... (20) ha costretto ad un'operazione .... (21). Per molto tempo si è .... (22) che sarebbe stato impossibile rivederlo sul .... (23). Questa esperienza gli ha insegnato ad .... (24) di più certe cose, ad .... (25) gli stress inutili, a prendersi .... (26) cura di sé, a riposare .... (27) più, ad essere più .... (28).

...... /28

C. **Scegliete tra quelle proposte la parola che vi sembra più adatta delle tre, cancellando le altre.**

1. Ho | ~~affinché~~ / perfino / ~~eppure~~ | messo un'inserzione sul giornale per trovare lavoro.

2. Margherita si è occupata dell'assistenza familiare | dal momento che / mentre / tuttavia | è infermiera.

3. Gli attori sono stati bravissimi, | infatti / perciò / eppure | il film è stato noioso.

4. Sogno questa vacanza da tanto tempo, | tuttavia / quindi / neppure | dovrò rinunciarci per un impegno improvviso.

5. Aveva promesso che mi avrebbe telefonato: | ossia / infatti / invece | mi ha chiamato ieri.

6. Siamo in troppi per la partita, | quindi / ma / tuttavia | dovremo giocare a turni.

7. Vai al ristorante | ossia / oppure / invece | vai in pizzeria?

8. Mia figlia non ha | appena / ormai / ancora | compiuto 20 anni.

9. Abbiamo vissuto in provincia | finché / se / perciò | mio padre ha cambiato lavoro.

10. Credevo in lui, | insomma / oppure / ma | mi ha deluso.

...... /10

D. **Trovate un sinonimo per ogni aggettivo sottolineato.**

1. I miei nonni, anche se sono avanti con gli anni, continuano ad essere sempre <u>attivi</u>.

2. Non ho mai conosciuto una donna così <u>determinata</u>.

3. La protagonista dello spettacolo teatrale era brava ed <u>avvenente</u> ed il pubblico ne era affascinato.

4. Le persone del nostro gruppo sono <u>socievoli</u>.

5. Mi piacciono le persone <u>concrete</u>.

6. Non è <u>legale</u> riprodurre le videocassette.

7. Siamo <u>soddisfatti</u> della nostra sistemazione in albergo.

8. C'è un rapporto <u>solido</u> tra loro.

9. È <u>rischioso</u> buttarsi giù con il paracadute.

10. Ha accumulato <u>enormi</u> ricchezze, lavorando duramente.

...... /10

E. **Formulate le domande alle seguenti risposte.**

1. ....
Mi occupavo di animazione con i bambini.

2. ....
Si tratta di un'associazione di volontariato.

3. ....
Ho vinto questa paura con l'aiuto di un amico.

4. ....
Il cantante non si sposa perché non si sente pronto per il matrimonio.

5. ....
L'attrice ha interpretato il film in modo eccellente.

6. ....
Secondo me, i migliori vini sono quelli italiani.

7. ....
Questa sera non ho alcun impegno.

8. ....
Mettersi alla prova vuol dire fare qualcosa di concreto.

9. ....
Ho lavorato alla radio per sette anni.

10. ....
Trovo Roma una città bellissima.

...... /10

F. **Completate le seguenti frasi con il participio passato dei verbi tra parentesi.**

1. Non abbiamo ancora (scegliere) .... la macchina che vogliamo comprare.

2. Ho (tradurre) .... una lunga lettera in tre lingue.

3. I miei amici hanno (fare) .... tredici al totocalcio ed hanno (vincere) .... molti soldi.

4. Perché non mi hai (offrire) .... il tuo aiuto?

5. L'archeologo è (rimanere) .... per un lungo periodo in una grotta.

6. Un condomino ha sempre (creare) .... molti problemi ed ha (rendere) .... la vita difficile agli altri inquilini del palazzo.

7. Il vincitore della corsa ha (raggiungere) .... il traguardo con molto anticipo rispetto agli altri.

8. L'incidente di cui ti ho parlato è (succedere) .... sotto casa mia.

9. Sara si è (commuoversi) .... quando ha ritirato il premio.

10. Il neonato ha (piangere) .... ed ha svegliato gli altri bambini che dormivano nelle culle accanto.

11. Il poliziottto ha (convincere) .... il malvivente ad arrendersi.

12. Il nostro gruppo musicale ha (incidere) ....molti dischi.

...... /12

TOTALE .... / 80

Unità 6
Il Telefonino

📖 Pre-lettura

Fate delle ipotesi, segnando con una x la risposta.

	Sì	No
1. Gli Italiani usano molto il telefonino?	☐	☐
2. Si ricordano di spegnerlo al cinema, a teatro?	☐	☐

Il telefonino.

In Italia ci sono oltre 26 milioni di telefonini, molti di più dei telefoni fissi. E' un fenomeno impensabile in un Paese come il nostro dove la rete telefonica funziona abbastanza bene. I primi telefonini risalgono al 1990 ed

5 erano arcaici, rispetto ai modelli di oggi. Si trattava di apparecchi grandi come citofoni, pesanti, massicci, con un'autonomia molto limitata. Verso la metà degli anni Novanta, essi divennero più leggeri e maneggevoli. All'inizio erano un privilegio per pochi e adesso sono una

10 comodità di massa. Infatti ce l'hanno proprio tutti: la colf, l'idraulico, i ragazzi. A questo proposito Umberto Eco, noto scrittore italiano, sostiene che avercelo è segno di inferiorità sociale perché comporta l'obbligo di essere reperibili. Gli italiani sono refrattari all'uso del computer

15 che richiede tempo, impegno, curiosità, intelligenza, ma hanno costruito il loro villaggio globale sul trillo del cellulare e lo trovano utile e dilettevole. Infatti, siamo al terzo posto nel mondo dopo gli Stati Uniti ed il tecnologico Giappone. Sigle che prima erano criptiche come GSM, PIN, SMS (messaggi digitati sulla

20 tastiera) ormai sono diventati familiari a tutti. Questo oggetto che, a differenza del telefono fisso, è strettamente personale ed individuale ha, con il suo uso ed abuso, disegnato un nuovo galateo, che per la verità non viene molto rispettato. Infatti, i cellulari continuano a squillare al cinema, a teatro, nei musei, ai matrimoni e ai funerali. Non è, però, segno di buona educazione costringere gli altri ad ascoltare brandelli di dialoghi, comunicazioni in massima parte superflue. Va detto anche che la parola

25 telefonino comincia a non incontrare più il favore di molti che la considerano un po' ordinaria come "attimino" e così si preferisce dire cellulare.

A. **Rispondete alle seguenti domande. La classe è divisa in due gruppi. Un gruppo fa le domande e verifica le risposte che dà l'altro.**

1. Come e quando sono cambiati i cellulari rispetto a quelli del 1990?

2. Perché in Italia non dovrebbero esserci così tanti cellulari?

3. Umberto Eco dice che possedere un cellulare è un segno di inferiorità. Perché?

4. Gli italiani usano più il telefonino o il computer?

5. Perché nel testo si parla di abuso del cellulare?

B. **Collocate sotto le colonne giuste i seguenti aggettivi. Lo stesso aggettivo può essere collocato sotto più colonne.**

arcaico - pesante - maneggevole - reperibile - raggiungibile - utile - dilettevole - superfluo - massiccio - criptico - leggero - emotivo - fisso - impensabile - portatile - aggressivo - scritto - romantico - digitato - personale

Computer	Persona	Messaggio
....	....	....
....	....	....
....	....	....
....	....	....
....	....	....
....	....	....
....	....	....

C. **Completate le seguenti frasi usando "di" (anche nelle forme articolate) o "che".**

1. Gli italiani usano più il telefonino .... computer.

2. Gli italiani telefonano più con il telefonino .... con il telefono fisso.

3. Il telefonino è più dilettevole .... utile.

4. E' più facile abusare del cellulare .... usarlo.

5. I cellulari di adesso sono più maneggevoli .... primi usciti nel 1990.

6. Il tuo cellulare prende meglio .... mio.

7. Il computer è sicuramente più utile .... telefonino.

8. In Italia ci sono più telefonini .... computer.

9. Il computer è più utile .... dilettevole.

10. E' più divertente giocare al computer .... a carte.

D. Collocate i seguenti aggettivi al posto giusto. In parentesi è indicato il loro significato.

> potabile - reperibile - impensabile - guaribile - giustificabile - immangiabile - deperibile - arrendevole - durevole - girevole - incantevole - ammirevole - pieghevole - maneggevole

1. Il volante della mia nuova macchina è davvero .... (= può essere maneggiato facilmente).

2. Sicuramente avrai sbagliato qualche ingrediente, perché questa zuppa è .... (non può essere mangiata).

3. A Taranto si trova un famoso ponte .... (che gira).

4. Ragazzi non bevete a quella fontana, perché l'acqua non è .... (non può essere bevuta).

5. Ho chiamato più volte il nostro medico di famiglia, ma non è .... (può essere trovato).

6. È .... (non può essere pensato) trasferirsi per l'ennesima volta!

7. La frattura non è grave ed è .... (può guarire) in poco tempo.

8. Ha sempre reagito agli insuccessi, perché non è un tipo .... (che si arrende facilmente).

9. La scelta di vita dei volontari è .... (= che va ammirata).

10. L'assenza del socio più importante della nostra azienda è........................... (può essere giustificata).

11. La loro relazione sentimentale è senz'altro .... (che dura), perché si vogliono un gran bene.

12. È meglio non mettere nel pacco merce .... (che deteriora facilmente).

13. Trovo questo luogo di villeggiatura .... (che incanta).

14. Se vuoi venire a vedere il film all'aperto, non dimenticare di portare una sedia .... (che può essere piegata).

E. Spiegate il significato dei seguenti alterati, dopo aver scritto i nomi da cui derivano.

Porticciolo	....	....
Poetastro	....	....
Omuncolo	....	....
Viuzza	....	....
Fiumiciattolo	....	....
Monticello	....	....
Orsacchiotto	....	....
Bottiglione	....	....
Medaglione	....	....
Fratellino	....	....
Cuoricino	....	....
Debituccio	....	....

F. **Cancellate i falsi alterati e spiegate il loro significato.**

Attimo	attimino
Telefono	telefonino
Botte	~~bottone~~
Mulo	mulino
Letto	lettino
Burro	burrone
Foca	focaccia
Cesto	cestino
Cavallo	cavalletto
Torre	torrone
Libro	librone

G. **Ricercate nel testo le parole che corrispondono alle seguenti definizioni.**

1. Apparecchio telefonico per comunicazioni interne tra un appartamento e la porta o la portineria (r. 6) ....

2. Vantaggio speciale di una o più persone (r. 9) ....

3. Collaboratrice familiare che si occupa dei servizi domestici (r. 11) ....

4. Canto, fischio o suono in cui si alternano rapidamente due note (r. 16) ....

5. Piccola quantità, parte di qualcosa (r. 24) ....

H. **Trovate e cerchiate nel puzzle almeno 6 aggettivi che erano presenti nel testo.**

O	G	G	R	A	O	T	D	S	S	G
Z	T	G	R	F	O	T	M	S	L	L
R	E	F	R	A	T	T	A	R	I	O
Q	L	M	T	M	P	Q	S	V	M	B
O	E	Z	Z	I	Z	Z	S	Z	I	A
V	F	W	E	L	Z	K	I	Z	T	L
R	O	Z	Z	I	Z	Z	M	Z	A	E
V	N	P	K	A	Z	N	O	Z	T	P
D	I	W	Z	R	Z	G	D	Z	O	Z
D	C	Z	P	E	V	D	F	Z	E	O
P	O	Z	X	Z	J	Z	V	G	H	Y

Scrivete una frase con ogni aggettivo trovato.

....

....

....

....

....

I. Riordinate le parti del testo date alla rinfusa, scrivendo le lettere dopo i numeri.

Allarme da una ricerca medica inglese

"I telefonini causano perdita della memoria"

"Se volete evitare inconvenienti, parlate al massimo per dieci minuti al giorno"

B I ricercatori di Bristol, da parte loro, hanno condotto gli esperimenti su un gruppo di
45 36 volontari, metà dei quali sono stati esposti per periodi di mezz'ora alle stesse microonde emesse da gran parte dei telefonini attualmente in
50 commercio. Alla fine del "trattamento" tutti i volontari sono stati sottoposti a semplici test psicologici volti a misurare il grado di attività del cer-
55 vello e, soprattutto, la loro capacità di memoria. E, immancabilmente, i risultati migliori sono stati realizzati dai 18 volontari che non erano
60 stati esposti alle micro-onde.

C Lo stesso Blakemore, intanto, ha sostenuto che, dopo aver limitato l'uso del proprio cellulare, non ha più provato
25 quella mancanza di consapevolezza" che accusava quando era al telefono per periodi più lunghi. "Avevo la sensazione di un vuoto cognitivo mentre
30 ero al telefono - ha spiegato - e non ero consapevole di quello che mi circondava". Questi effetti, ha sottolineato il professore, potrebbero avere
35 serie conseguenze sugli automobilisti che usano il telefono cellulare al volante. Essi, infatti, sono soggetti al rischio di un incidente fino a 10 mi-
40 nuti dopo aver terminato la conversazione.

A LONDRA. Attenti al telefonino: fa perdere la memoria. Il monito arriva dai ricercatori dell'istituto britannico "Bri-
5 stol Royal Infirmary". Il team, per dimostrare la sua teoria, ha utilizzato un gruppo di volontari: è la prima volta nella storia della ricerca scientifica
10 in questo settore.
   I clamorosi risultati non lasciano dubbi: tanto che alcuni tra i principali scienziati britannici hanno già deciso di ri-
15 durre drasticamente l'uso dei loro apparecchi oppure di utilizzarli solo con gli appositi auricolari nel tentativo di tenerli il più possibile lontani
20 dal cervello.

D Lo studio dell'istituto di Bristol ha dimostrato che le radiazioni emesse dai telefoni cellulari interferiscono con la parte
65 del cervello che controlla la memoria e l'apprendimento. In prima fila contro i telefonini si è schierato Colin Blakemore, consigliere del "Natio-
70 nal Radiological Protection Board", uno degli enti preposti al controllo del settore della telefonia mobile nel Regno Unito. Blakemore, infatti, utilizza adesso il suo cellulare solo per
75 10 minuti al giorno e limita la durata delle chiamate a non oltre due minuti. Secondo il professore, che insegna psicologia all'università di Oxford,
80 un uso dell'apparecchio per periodi più lunghi potrebbe avere effetti più duraturi e dannosi sulla salute.

Da "La Stampa", 2 marzo 1999

1/.A. 2/.... 3/.... 4/....

L. **Completate la seguente tabella.**

Tipo di esperimento: ....

Risultati: ....

....

Probabili effetti del telefonino sul cervello: ....

....

....

....

....

M. **Spiegate perché è usato il modo condizionale nel seguente passaggio.**

Questi effetti, ha sottolineato il professore, *potrebbero* avere serie conseguenze sugli automobilisti.

N. **Guardate le immagini e fate delle possibili ipotesi.**

1.   **2.**

Cosa potrebbe avere? **1.** ....

                   2. ....

3.   **4.**   **5.**

Cosa potrebbe essere successo?

            3. ....

            4. ....

            5. ....

O. **Trasformate le frasi secondo il modello.**

Le medicine devono essere prese due volte al giorno.
Le medicine vanno prese due volte al giorno.

> La forma passiva è possibile con tutti i verbi transitivi e serve per mettere in evidenza l'oggetto diretto della forma attiva, che nella trasformazione diventa soggetto.
> *Es.: Il cittadino rispetta la legge.*
> *La legge è rispettata dal cittadino.*
>
> Nei tempi semplici, l'ausiliare "essere" può essere sostituito da "venire", con significato sostanzialmente uguale o con il verbo "andare" se la frase passiva esprime dovere o necessità.
> *Es.: la legge va rispettata.*

1. I denti devono essere lavati almeno tre volte al giorno.
....

2. Il casco deve essere messo.
....

3. La segnaletica stradale deve essere rispettata.
....

4. I bambini devono essere seguiti.
....

5. I telefonini dovranno essere usati con cautela.
....

6. Il bagaglio dovrà essere ispezionato alla dogana.
....

7. Pensiamo che i risultati degli esperimenti debbano essere controllati.
....

8. Il dottore crede che l'ecografia debba essere rifatta.
....

9. La canzone doveva essere registrata con l'accompagnamento di molti strumenti.
....

10. I condomini devono essere avvisati per tempo.
....

P. **Esprimete i seguenti consigli nei vari modi indicati.**

1. Ridurre drasticamente l'uso dei telefonini	Dovreste ridurre drasticamente l'uso dei telefonini	Riducete drasticamente l'uso dei telefonini	L'uso dei telefonini va ridotto drasticamente.
2. Utilizzare gli auricolari.	....	....	....
3. Non usare i telefonini in macchina.	....	....	....
4. Fare telefonate brevi.	....	....	....
5. Limitare le chiamate a due minuti.	....	....	....

1. Lavorate a coppie o a piccoli gruppi ed esprimetevi sui vantaggi e svantaggi del cellulare.

Vantaggi | Svantaggi

.... | ....
.... | ....
.... | ....
.... | ....
.... | ....
.... | ....
.... | ....
.... | ....
.... | ....
.... | ....
.... | ....
.... | ....

2. **Scambiatevi le domande seguenti.**

Come è la situazione nel vostro Paese?

....

....

Ci sono anche da voi così tanti cellulari?

....

....

Sono usati con discrezione o squillano ovunque?

....

....

Che durata hanno le conversazioni telefoniche al cellulare?

....

....

3. **Ricercate nel testo le parole che corrispondono alle seguenti definizioni.**

1. Avvertimento serio ed importante (r. 3) ....

2. Ambito, campo in cui si svolge una determinata attività (r.10) ....

3. Oggetto che applicato all'orecchio permette l'ascolto individuale (r.18) ....

4. Acquisizione di conoscenze (r. 25) ....

5. Risultato o conseguenza di un'azione (r. 83) ....

R. Associate le frasi della colonna "A" a quelle appropriate della colonna "B".

A

1. Se non volete trovare traffico,
2. Se volete evitare disturbi,
3. Se vuoi far fruttare i risparmi,
4. Se non vuoi prendere scottature,

5. Se vuoi evitare incidenti,
6. Se hai problemi di salute,
7. Se non vuoi offendere il tuo collega,
8. Se hai il coraggio di tuffarti da
   questa altezza,

B

a. investi bene il tuo denaro.
b. partite all'alba.
c. rispetta la segnaletica.
d. limitate la durata della conversazione al
   cellulare.
e. esponiti gradualmente al sole.
f. misura le parole.
g. dimostralo.
h. fai periodici controlli.

Scrivete un elaborato sull'uso del cellulare.

(Cosa ne pensate/ come e quanto lo usate/ è diventato un oggetto indispensabile o potete farne a meno. Cosa vi piace di più / cosa non sopportate dell'uso di questo oggetto).

....
....
....
....
....
....
....
....
....
....
....
....
....
....
....
....
....
....
....
....
....
....

S. **Trovate e cerchiate almeno 9 verbi presenti nel puzzle.**

```
S  P  G  R  A  I  I  D  S  P  G  G  G  M  G
O  G  F  R  D  N  T  D  S  S  G  L  V  I  G
T  L  K  R  I  T  E  D  S  S  G  G  G  S  P
T  G  G  E  M  E  T  T  E  R  E  G  C  U  G
O  D  B  R  O  R  E  A  L  I  Z  Z  A  R  E
P  G  G  R  S  F  T  D  S  S  G  G  U  A  G
O  G  L  R  T  E  T  D  S  S  P  G  S  R  O
R  I  D  U  R  R  E  D  S  E  F  G  A  E  G
R  Q  G  R  A  I  A  C  C  U  S  A  R  E  Q
E  S  P  O  R  R  E  D  S  S  N  G  E  G  K
E  V  G  R  E  E  T  D  S  S  G  J  M  G  G
```

Scrivete una frase con ognuno di essi.

....
....
....
....
....
....
....
....
....
....
....
....
....
....
....
....
....
....
....
....
....

Unità 7
Nuove tendenze a tavola

🗐 Pre-lettura

Le nuove tendenze degli italiani a tavola riguardano soprattutto:

☐ la colazione   ☐ il pranzo   ☐ la cena

Fate delle ipotesi indicandole con una X.

Secondo voi diminuisce o aumenta il consumo di bevande
gassate in Italia?

Leggete il testo seguente.

Le abitudini alimentari degli italiani stanno cambiando. Infatti c'è una tendenza a
considerare pasto principale quello della sera ed a fare una colazione più sostanziosa. E' in calo il numero delle persone che consuma il pasto di mezzogiorno a casa e in aumento il
numero di coloro che si accontentano di un panino al bar. Per quanto riguarda i cibi, gli italiani
5 continuano a mangiare, almeno una volta al giorno, il riso o la pasta ed il latte continua ad essere l'alimento principale della colazione. E' in lieve diminuzione il consumo di frutta, alla faccia di insistenze di nonne e mamme soprattutto con i ragazzi. Per alcuni adulti, questa scelta potrebbe essere un gesto di diffidenza verso l'utilizzo massiccio
dei pesticidi nell'agricoltura. Per quanto riguarda le bevande, si registra un calo del vino, in particolare del suo consumo quotidiano a vantaggio di quello occasionale. Vanno forte la birra e le bevande gassate.
10 Desta un po' di preoccupazione il fatto che i ragazzi sotto i 14 anni consumino di più rispetto al passato i superalcolici. Sarà forse colpa degli spot pubblicitari che insegnano che così è più facile cuccare? Visto che non sempre l'acqua
che esce dal rubinetto è buona, gli italiani, in molti casi, sono obbligati a fare uso di acqua minerale; di solito è preferita quella frizzante rispetto a quella naturale. Il successo delle bevande gassate (bibite) o con la schiuma (birre) fa
venire il sospetto che gli italiani in fatto di cucina comincino a pensare: anche l'occhio vuole la sua parte e del palato
15 chi se ne infischia. I ritmi di lavoro, sicuramente più intensi di una volta, hanno certamente modificato gli stili di vita
degli italiani. Se, quarant'anni fa le donne cucinavano quattro ore al giorno, adesso, nella migliore delle ipotesi, possono dedicare quaranta minuti a scongelare o riscaldare prodotti già pronti acquistati nei supermercati. Non sappiamo e, sarebbe interessante saperlo, quanto tempo gli italiani dedichino al pranzo e quanto al panino, al tramezzino,
al toast che lo sostituiscono. A manager e uomini di successo che sostengono che sono sufficienti pochi minuti per il
20 pranzo, si può rispondere che è certamente buona cosa evitare l'abbuffata quando si lavora nel pomeriggio. Ma lo
è altrettanto il non ingozzarsi. Più del pranzo è pericoloso l'abbiocco che si potrebbe evitare con una salutare pennichella, purtroppo ormai in disuso. Dal mito dell'abbuffata stiamo passando al mito della leggerezza. Gli amanti della buona tavola e gli esperti gastronomi prendono le distanze da queste tendenze. Alcuni di loro raccomandano, almeno nei fine settimana, di cercare di ricreare il gusto delle cose buone e del mangiare tranquilli frequentando gli
25 agriturismo o i ristoranti di qualità. Altri, contro il mito della leggerezza e dell'efficienza, ribadiscono che si può pesare un quintale ed essere ugualmente efficienti come pesare sessanta chili ed essere una frana sul lavoro.

A. **Segnate con una X l'affermazione giusta.**

1. Gli italiani tendono a fare una colazione più

   a)   sostanziosa.
   b)   gustosa.
   c)   variata.

2. I ragazzi bevono superalcolici

   a)   perché sono più pubblicizzati.
   b)   perché hanno un sapore migliore.
   c)   per avere più successo con le ragazze, come suggerisce la pubblicità.

3. L'acqua del rubinetto

   a)   è ottima da bere.
   b)   è bevibile.
   c)   non è potabile.

4. Il consumo di frutta

   a)   è aumentato per le insistenze delle mamme e delle nonne.
   b)   è in calo.
   c)   è rimasto come prima.

5. Per manager e uomini di successo

   a)   bisogna mangiare con calma.
   b)   bastano pochi minuti per il pranzo.
   c)   abbuffarsi a pranzo è buona cosa.

6. Esperti gastronomi

   a)   si riconoscono in questi nuovi stili di vita degli italiani.
   b)   ritengono giuste queste nuove tendenze.
   c)   prendono le distanze da queste nuove tendenze.

Ognuno di voi corregge l'esercizio del compagno.

B. Mettete al posto giusto i seguenti verbi, da scegliere a due a due.

> risultare - emergere - mostrare - evidenziare

1. Il sondaggio ....

2. L'indagine .... la tendenza ad una prima colazione più sostanziosa.

3. Dall'indagine ....

4. Dal sondaggio .... che i ragazzini sotto i quattordici anni bevono più superalcolici.

C. Esprimete il significato delle seguenti parole, aiutandovi con i suggerimenti dati sotto alla rinfusa.

> mangiare velocemente - conquistare un ragazzo o una ragazza - colpo improvviso e irresistibile di stanchezza o sonno - disinteressarsi totalmente di qualcosa - grande mangiata - persona - incapace che fa disastri - a dispetto di, nonostante... - sonnellino pomeridiano

1. "Chi se ne infischia" ....

2. "Alla faccia di..." ....

3. "Cuccare" ....

4. "Ingozzarsi" ....

5. "L'abbiocco" ....

6. "La pennichella" ....

7. "Abbuffata" ....

8. "Essere una frana" ....

D. Sostituite il verbo "essere" delle seguenti frasi con un verbo più appropriato, scegliendolo tra quelli riportati qui di seguito.

> appartenere - vivere - esistere - consistere - trovarsi - pesare - costare - accadere - diventare - mancare

1. Ci sono soli pochi metri per arrivare al traguardo.

2. Tua figlia è ogni giorno più bella.

3. Il Colosseo è a Roma.

4. Ieri c'è stato un grave incidente vicino alla discoteca.

5. Queste chiavi sono di Ilaria.

6. Quanto è al chilo questa frutta?

7. In questo quartiere ci sono molti stranieri.

8. Questa torta è di un chilo.

9. C'è un modo per conquistare la mia compagna di banco?

10. Pensi che la vera felicità sia nella ricchezza?

E. **Completate la seguente tabella.**

	Verbo	Sostantivo
1. In crescita	crescere	la ....
2. In aumento	....	l' ....
3. In ribasso	....	il ....
4.	diminuire	la ....
5.	....	il calo
6. In rimonta	rimontare	la ....

F. **Completate nel modo opportuno le seguenti frasi, ricordando il testo e scegliendo le parole tra quelle della tabella scritta sopra.**

1. È .... il numero degli italiani che considerano la cena il pasto principale.

2. È .... il numero degli italiani che pranzano a casa.

3. .... il consumo giornaliero del vino, ma aumenta quello occasionale.

4. È .... il consumo di birra.

5. .... il numero delle ore che le donne italiane dedicano alla cucina perché hanno meno tempo di prima.

6. È...................... il consumo di frutta.

7. .... le belle mangiate serali e .... quelle di mezzogiorno.

G. **Pensate al vostro Paese e, riferendovi ai pasti ed ai cibi, completate le seguenti frasi.**

Nel mio Paese è in calo ....

....

È in aumento ....

....

Vanno forte ....

....

Va forte ....

....

H. **Trasformate le frasi attive in frase passive come nel modello.**

Possiamo scegliere il menù

Si può scegliere il menù
Il menù può essere scelto

1. Possiamo ricreare il gusto delle cose buone, frequentando buoni ristoranti il fine settimana.
....
....

2. Dobbiamo rivedere le nostre abitudini alimentari.
....
....

3. Dobbiamo consumare più grassi vegetali per avere un'alimentazione migliore.
....
....

4. Dobbiamo bere meno superalcolici.
....
....

5. Possiamo dedicare al pranzo 10 minuti.
....
....

6. Possiamo considerare la cena il pasto principale della giornata.
....
....

I. **Completate con le lettere mancanti le parole scritte sotto.**

RO ... T ... ... IA

PIZZ ... ...

TR ... TT... ... IA

LUOGHI PUBBLICI DOVE SI MANGIA O SI PRENDE QUALCOSA DA MANGIARE

PAN ... N... ... ECA

TAV ... ...   CA ... D ...

ME ... S ...

SPA ... HE ... ... R IA

SEL ... SER ... ...

SNA ... ...   BAR

L. **Cambiate le frasi, come nel modello.**

Anche se le abitudini alimentari stanno cambiando, rimane il piacere della buona tavola.
Sebbene le abitudini alimentari stiano cambiando, rimane il piacere della buona tavola.

1. Anche se si trovano male, non vogliono cambiare casa.

....

2. Anche se il gruppo musicale si è sciolto, le loro canzoni continuano ad avere successo.

....

3. Anche se riconosce di aver sbagliato, non sa chiedere scusa.

....

4. Anche se lo studente ha risposto bene alle domande, il professore gli ha dato un voto basso.

....

5. Anche se la polizia sospetta di lui, non ha prove sufficienti per arrestarlo.

....

6. Anche se aveva visto tutto, non ha voluto testimoniare.

....

7. Anche se dipingeva da poco tempo, vendette molti quadri nella sua prima mostra.

....

8. Anche se gli piaceva la musica rock, ascoltava volentieri altri generi di musica.

....

M. **In ogni gruppo di parole, cancellate quella estranea per significato.**

ingozzarsi	alimentarsi	assaporare	pasteggiare
nutrirsi	truccarsi	digiunare	degustare
~~narrare~~	consumare	assaggiare	fischiettare

Unità 8
Le donne vogliono vivere così

📖 Pre-lettura

Fate delle ipotesi, prima di leggere il sondaggio. Segnate con x che cosa, secondo voi, è più importante per le donne italiane.

Il lavoro ☐   L' amore ☐   I figli ☐   La cura di sé ☐

Leggete il testo seguente.

di Chicca Gagliardo - Alessandra Tedesco

Si affannano, corrono le donne di fine millennio. Ma per andare dove? Verso quali obiettivi? Per realizzare quali sogni e desideri? Lo abbiamo chiesto a voi lettrici, in un questionario pubblicato nei numeri scorsi sulle pagine del nostro giornale. Ci avete scritto a migliaia, giovani e meno giovani. Da tutta Italia. In questo articolo potete leggere le vostre risposte elaborate dall'Istituto di ricerca SWG. Emergono i valori più impor-
5   tanti per le donne, ma anche le contraddizioni di un mondo dalle mille sfaccettature. Il romanticismo sembra tornato in auge. Pazienza se i divorzi sono in aumento. Il 60 per cento delle donne, dice il nostro sondaggio, vuole raggiungere un amore profondo con un uomo, a tutti i costi o con molti sacrifici. Una contraddizione? "No" risponde Enza Sampò, conduttrice della trasmissione *Donne al bivio* (Rai Uno). "Abbiamo riscoperto il nostro lato più sentimentale. Ma sappiamo che l'amore può riempirti la vita come rovinartela,
10   se va male. I sacrifici si fanno solo se il rapporto lo merita". C'era una volta il mito della competizione con il sesso forte. Oggi, le risposte al nostro questionario ci dicono che quasi una donna su due non è disposta a fare il pur minimo sacrificio per dimostrare di valere quanto gli uomini. Un passo avanti? "Direi proprio di sì" risponde la psicologa Tiziana Galbusera. "Più che lottare, dobbiamo imparare a comprenderci, a prendere atto delle differenze, per cercare un punto di unione". Tutti la chiamavano, tutti la volevano e lei diceva
15   sempre di sì. Adesso, la donna ha voglia di dire di no. Efficiente, ma fino a un certo punto. La domanda del

Amore

60%

Sei   donne su dieci sono pronte a fare molti sacrifici per raggiungere un'intesa profonda con un uomo.

Cura di sé

56,8%

Il 56 per cento delle donne è pronta a grandi rinunce pur di avere più spazio per sé e per i propri interessi

Efficienza

63%

Il 63 per cento delle donne evita di finire intrappolata in ritmi di vita frenetici.

Competizione

45,6%

Il 45,6 per cento delle donne a nessun costo vuole competere con gli uomini. Il 27,6 sono disposte a lottare, ma solo un po'; per raggiungere la parità.

nostro questionario era chiara: "quanto cercate di evitare ritmi di vita frenetici?". Il 21 per cento delle lettrici ha risposto "molto", il 42 per cento "abbastanza". In totale più di sei donne su dieci che vogliono mettere un freno agli impegni. Il 44 per cento dice che i ritmi della loro vita dipendono dal bisogno di fare tutto e farlo bene (eccesso di perfezionismo, in altre parole). E anche se pensano (il 67 per cento) che rallenta-
20 re il ritmo significhi essere tagliati fuori dalla società. Perché i tempi della quotidianità sono davvero pressanti. "Le italiane sono quelle che lavorano di più al mondo" dichiara Chiara Valentini. Tra ufficio e famiglia e commissioni, hanno mediamente impegnate 14 ore su 24. A qualche cosa devono rinunciare per stare dietro a tutto. Per risparmiare tempo, intaccano quello dedicato alla carriera, ai propri interessi e persino al sonno. Dire "fermiamoci un po'" è più un desiderio che una realtà". "Dedicare tempo ai propri interessi
25 personali. Come raggiungere questo obiettivo?". Alla domanda il 56,8 per cento delle lettrici ha risposto: "a ogni costo" o "con parecchi sacrifici". Evidentemente stanche di mettersi sempre per ultime nella scala dei propri valori. Ma come impiegano il tempo le donne quando si fermano? Per se stesse, per curare la mente e il corpo. L'atteggiamento femminile è senza dubbio positivo, anche se bisogna fare una certa attenzione. "Il rischio è di cadere nel narcisismo, di pensare solo alla forma fisica, un pericolo tipico della nostra società,
30 che punta tutto sull'immagine "avverte la sociologa Angela Mongelli. "In realtà mi sembra che sia più forte la voglia di riscoprire la propria sensibilità e potenzialità" osserva la sociologa Luciana Galbusera. "Ci stiamo rimettendo in sintonia con la natura. Non è un caso che abbiano tanto successo i corsi di erboristeria, o per imparare a fare composizioni con i fiori. Molte mie pazienti, dopo averli frequentati decidono di farne una vera attività". Hanno lottato per entrare nelle industrie e negli uffici, ora prendono le distanze. Soltan-
35 to il 38 per cento delle donne alla domanda "come intende realizzarsi nel lavoro?" ha risposto "a tutti i costi" o " con parecchi sacrifici". "Siamo disincantate" sostiene la conduttrice Enza Sampò. "Ci siamo rese conto che il lavoro richiede sempre più sforzi e dà sempre meno soddisfazioni". "Viene considerato più come una fonte di guadagno che non un'espressione della propria personalità" le fa eco la sociologa Angela Mongelli. Ma quante sono le donne che hanno la possibilità di realizzarsi fuori casa? Poche. "La media ita-
40 liana è inferiore a quella europea" fa notare la giornalista Chiara Valentini. "Negli altri paesi le lavoratrici rappresentano la metà di chi ha un'occupazione. Da noi sono solo un terzo". Qualche passo avanti in questo anno è stato fatto: ad aprile è diventata realtà la legge 215 che aiuta le donne che vogliono diventare imprenditrici. Sull'importanza dei figli non si discute. Eppure in Italia c'è un curiosa contraddizione. Da una parte il 76 per cento delle donne alla domanda "con quali rinunce è disposta a dedicarsi ai figli" si dice
45 pronta ai sacrifici più grandi. Dall'altra, di bambini se ne fanno pochi. Si dice sempre che le donne sono troppo impegnate a pensare alla propria realizzazione. "Io credo invece che facciano meno figli proprio perché la maternità sta molto a cuore" dice la giornalista Chiara Valentini. "Si aspetta il momento giusto per dare al piccolo tutte le garanzie. E questo spesso significa arrivare tardi all'appuntamento. Così al massimo si riesce a fare solo un bambino". Un bimbo con cui si ha un rapporto intenso, frutto di una scelta e non di un
50 dovere. A volte, però, anche eccessivo. "Molte madri deluse dagli uomini rischiano di riversare sul piccolo tutto il loro bisogno d'affetto, diventando ossessive" afferma la psicologa Tiziana Galbusera. Perde colpi la famiglia intesa come istituzione, come obbligo. Abbiamo chiesto se e quanto le donne desiderano essere un punto di riferimento per i parenti più o meno stretti. Il 43 per cento di voi ha risposto dicendo che non intende dedicare troppe energie alla famiglia. Con un 8,2 per cento rigidissimo che di fare il classico angelo
55 del focolare ha detto di non avere proprio nessuna voglia.
Che cosa è successo? Siamo diventate ciniche? "Il fatto è che la donna si è sempre dovuta sobbarcare tutti gli impegni familiari, dai più leggeri ai più pesanti" osserva la conduttrice televisiva Enza Sampò. "Spesso ha anche dovuto far fronte da sola alle carenze delle strutture sociali: la cura dei parenti più anziani, più deboli o malati è sempre stata sulle sue spalle. A mio parere questo dato è segno di una ribellione: è giusto, sotto-
60 lineano le intervistate, che anche i mariti e la società offrano il loro aiuto in queste incombenze, non soltanto noi".

Da "Donna moderna", 31 dicembre 1977

A. **Lavorate a coppie. Leggete metà del testo e confrontatevi su quello che avete capito, poi completate la lettura.**
Vero o falso?

	Vero	Falso
1. Il lato più sentimentale delle donne non è stato riscoperto.	☐	☐
2. I divorzi aumentano.	☐	☐
3. Per le donne italiane competere con gli uomini non è importante.	☐	☐
4. Le donne italiane sono sicure di essere superiori agli uomini.	☐	☐
5. Amano ritmi di vita frenetici.	☐	☐
6. Sacrificano la carriera pur di svolgere bene gli altri impegni.	☐	☐
7. La donna italiana non cura molto la sua forma fisica.	☐	☐
8. Una percentuale alta di donne vuole realizzarsi sul lavoro.	☐	☐
9. C'è un aumento del numero delle nascite in Italia.	☐	☐
10. La donna italiana ama ancora il suo ruolo di angelo del focolare.	☐	☐

B. **Scrivete i verbi corrispondenti ai seguenti sostantivi.**

Verbi	Sostantivi
....	competizione
....	soddisfazione
....	discriminazione
....	realizzazione
....	contraddizione
....	istituzione

C. **Ricercate nel testo le parole corrispondenti alle seguenti definizioni.**

1. Luogo in cui una strada si divide in due strade che conducono in direzioni diverse. Punto in cui bisogna prendere decisioni (r. 8) ....
2. Eccessivamente movimentato (r. 16) ....
3. Condizione o attitudine psicologica che si esprime nel culto della propria persona (r. 29) ....
4. Negozio dove si vendono erbe medicinali (r. 32) ....
5. Mancanza, insufficienza (r. 58) ....

D. **Rileggete il sondaggio, trovate le professioni citate e scrivetele qui di seguito.**

conduttrice	....	....
....	....	....
....	....	....
....	....	....

E. **Coniugate alle forme verbali giuste gli infiniti tra parentesi.**

1. Le donne italiane hanno riscoperto il loro lato più sentimentale e credono che in amore (valere) .... la pena di fare molti sacrifici.

2. Ritengono che (occorrere) .... divorziare qualora non (esserci) .... più intesa con il partner.

3. Non occorre che le donne (lottare) .... per dimostrare di valere quanto gli uomini; è opportuno, invece, che uomini e donne (prendere) .... atto delle loro differenze che non vuol dire superiorità di un sesso.

4. Non vogliono che il peso della famiglia (ricadere) .... tutto su di loro.

5. E' giusto che (esse - evitare) .... ritmi di vita frenetici.

6. Desiderano che la famiglia (permettere) .... loro di coltivare interessi personali.

7. E' bene che la donna (pensare) .... alla sua forma fisica e (realizzarsi)..................... anche al di fuori della famiglia e del lavoro.

8. Si dice che (loro - fare) .... meno figli per ragioni egoistiche.

9. La conduttrice televisiva Enza Sampò afferma che le donne in passato (dovere) .... far fronte da sole a tutte le esigenze della famiglia.

10. Le sorelle Fendi sono fiere di (portare) .... avanti un marchio che è sinonimo di famiglia.

F. **Fate un sondaggio in classe, assegnando un punteggio da 1 a 10 alle seguenti voci.**

	Voto
Amore	☐
Competizione	☐
Efficienza	☐
Cura di sé	☐
Lavoro	☐
Figli	☐
Famiglia	☐

G. **Confrontatevi e stabilite che cosa è al primo/secondo ed ultimo posto e motivate le scelte.**

H. **Completate le frasi seguenti, sostituendo le parole tra parentesi come nell'esempio.**

Fare ogni giorno attività fisica è (senza dubbio) ...indubbiamente.. *positivo.*

1. Anche se non ho studiato molto, penso di presentarmi (lo stesso) .... all'esame.

2. (Al momento) .... non ci sono più posti liberi.

3. Dal sondaggio emerge (con chiarezza) .... che la realtà familiare sta cambiando.

4. Vorrei sapere (con esattezza) .... come sono andate le cose.

5. Devi fare questa cura (con regolarità) ....

6. In passato i cellulari erano grandi come citofoni, (nel presente) .... sono piccolissimi.

7. E' un articolo che riguarda (in modo specifico) .... tematiche giovanili.

8. Il volontariato è (per prima cosa) .... un guadagno morale per i giovani.

9. Molti giovani vestono (in maniera rigorosa) .... abbigliamento firmato.

10. Per trovare i posti a teatro, dobbiamo (nell'immediato) .... telefonare per prenotarli.

11. Ha rifiutato la nuova offerta di lavoro per motivi (in sostanza) .... economici.

12. Il sondaggio si riferisce (in pratica) .... ad un numero limitato di persone.

13. Fare il lavoro che piace ed avere successo dà (con certezza) .... una grande soddisfazione.

14. Il bambino è stato bravo durante la recita natalizia, anche se (all'inizio) .... ha dimenticato qualche battuta.

15. Il signor e la signora Rossi si sono conosciuti (per caso) .... in treno.

Esprimete con parole vostre le seguenti frasi.

Qualche passo avanti è stato fatto.
Forse se ne sta per fare uno indietro.

I. **Unite le espressioni con la parola "passo" al loro significato espresso nella colonna di destra.**

1. Trovarsi a un <u>passo</u> da	**a.** fare una breve passeggiata
2. A <u>passo</u> d'uomo	**b.** una decisione di grande importanza
3. Fare il primo <u>passo</u>	**c.** sbagliare
4. Un gran <u>passo</u>	**d.** prendere l'iniziativa
5. Fare un <u>passo</u> falso	**e.** si dice quando un veicolo va molto lentamente
6. Fare quattro <u>passi</u>	**f.** trovarsi vicino
7. Fare <u>passi</u> da gigante	**g.** camminare più in fretta
8. Allungare il <u>passo</u>	**h.** piano piano, lentamente
9. Un <u>passo</u> dopo l'altro	**i.** migliorare rapidamente

L. **Correggete gli errori che riguardano l'uso del congiuntivo. Non tutti i periodi contengono errori.**

1. Ho paura che ci hanno frainteso.

....

2. E' probabile che le elezioni siano annullate.

....

3. E' possibile che i ladri sono ancora in Italia.

....

4. E' giusto che il colpevole vada in carcere.

....

5. E' bene che il comandante avverte i passeggeri dei problemi per il maltempo.

....

6. Peccato che non hai visto la finale della Formula 1.

....

7. E' giusto che anche i mariti offrono il loro aiuto.

....

8. Il fatto è che la donna deve far fronte a molti impegni familiari.

....

9. E' facile che loro sbagliano strada.

....

10. Non è possibile che si sono dimenticati del nostro invito.

....

11. E' possibile che il maltempo abbia danneggiato i raccolti.

....

12. Siamo felici che avete fatto buon viaggio.

....

13. Temo che il volo è annullato.

....

14. Era necessario che facevano praticantato presso uno studio legale.

....

Unità 9
Gli italiani continuano a preferire il matrimonio

📑 Pre-lettura

Collocate le parole al posto giusto.

1. Le bomboniere

2. Le partecipazioni

3. Le fedi

4. L'album fotografico

5. La videocamera

....

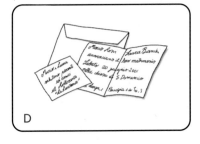

....

Fate delle ipotesi sul matrimonio in Italia.

1. In quale periodo gli Italiani preferiscono sposarsi

    in estate   ☐

    in primavera   ☐

    in autunno   ☐

    in inverno   ☐

2. Si è alzata ☐ l'età in cui ci si sposa
        abbassata ☐

Leggete il testo seguente.

DATI Coppie di fatto, convivenze libere? Macché, il matrimonio in Italia resiste a tutto. Anche se in passato c'era stata una leggera flessione, negli ultimi anni, a cominciare dal 1998, si è registrata un'inversione di tendenza e le nozze sono in ripresa. Il periodo in cui gli italiani preferiscono sposarsi è quello primaverile ed in particolare nel mese di maggio. In questo mese l'aria è più mite, è minore il rischio di giorni di
5 pioggia e le spose possono sfoggiare vestiti più scollati. Occorre dire però che aumenta il numero dei promessi sposi (il 21%) che scelgono il rito civile rispetto a quello religioso. Anche perché molte volte si tratta di seconde o terze nozze che non si possono celebrare in chiesa. Evidentemente, dire il fatidico "sì" o davanti al prete o davanti al consigliere comunale continua ad avere il suo fascino. Si è alzata, invece, l'età media in cui ci si sposa. In particolare, nel Sud le donne si sposano a 25 anni e gli uomini a 28 e lo
10 fanno più frequentemente in chiesa. Al Nord, invece, gli italiani si sposano un anno più tardi, divorziano più facilmente e preferiscono il matrimonio in Comune. Quindi, anche se le separazioni aumentano, gli italiani continuano a sposarsi. Secondo alcuni pareri di psicoterapeuti, ci si sposa per colmare i vuoti esistenziali che spesso ci portiamo dentro. Però, le aspettative di ognuno dei due coniugi sono altissime, cioè ognuno chiede all'altro di essere "tutto" e per questo la coppia è piuttosto fragile. Così alle prime
15 delusioni e difficoltà spesso i matrimoni si sfasciano.

SPESE Anche se si sceglie una cerimonia sobria, il matrimonio è un salasso per sposi, familiari e persino invitati. Per avere un'idea, consideriamo per ogni voce le spese minime e massime, immaginando una cerimonia a cui partecipano 100 invitati.

Addobbi Per un addobbo discreto della chiesa la spesa minima è di 260, la spesa massima è di 1030
20 **Noleggio auto** Anche per la macchina, la spesa minima è di 260. Il noleggio di una Rolls Royce Silver Shadow viene a costare circa 520.

Bomboniere C'è una vasta gamma di scelta e quindi di costi. Il prezzo va su, se è un oggetto in argento.

Partecipazioni Se si sceglie una carta di media qualità, il costo si aggira intorno 150.
Si può arrivare a 520 quando la carta e la stampa sono più ricercate.
25 **Fedi** Se sono semplici e classiche costano 105.

Pranzo Non si spende meno di 104 per ogni invitato.

Servizio fotografico Un servizio fotografico comprensivo dell'album costa circa 900.
Con il video si può arrivare a 1500.

Complesso musicale Per un complessino il prezzo medio è intorno a 520.
30 **MATRIMONI VIRTUALI** È possibile esprimere il fatidico "sì" anche in rete mentre la freccia del mouse si trasforma in una scia di cuoricini rossi. Poiché tutto avviene in un mondo virtuale, si può scegliere qualsiasi luogo per celebrarlo: la Luna, il Concorde, l'Everest… E poi è così semplice divorziare: non occorre neanche il consenso del partner. Su questa iniziativa esiste già una catena di siti. Ci sono anche coppie che si sono conosciuti "chattando", poi, si sono incontrati ed hanno deciso di sposarsi realmente. Tra gli invitati al loro
35 matrimonio non sono mancati amici conosciuti in rete e di cui sapevano tutto, più di quanto sapessero dei soliti amici. Indubbiamente, per molti la virtualità ha un senso di mistero e di seduzione.
Ci si può invaghire, così, di una persona. Poi quando ci si incontra in carne ed ossa, si hanno sorprese gradite o terribili delusioni. Ma tutto questo fa parte del gioco.

Lavorate a coppie. Scambiatevi a turno le informazioni del testo.

A. **Completate le seguenti frasi.**

1. Mentre negli anni '80 c'è stato un calo del numero dei matrimoni, a partire dal '98, invece, ...

2. Il mese di maggio è preferito perché permette . . . .

3. Sebbene le convivenze siano accettate meglio di una volta, tuttavia, ...

4. Celebrare il proprio matrimonio in comune molte volte non è una scelta , ma . . . .

5. Nel Sud, a differenza di quello che avviene nel Nord, si preferisce . . . .

B. **La seguente sintesi contiene alcuni errori rispetto al testo. Correggeteli riscrivendola.**

In Italia il numero dei matrimoni è in calo. I promessi sposi pensano che il rito religioso abbia un fascino maggiore di quello civile e, per quanto riguarda l'età, si sposano un anno dopo nel Sud rispetto al Nord dell'Italia. Anche se gli sposi scelgono una cerimonia non lussuosa, devono comunque affrontare delle spese piuttosto contenute. L'anello nuziale non eccessivamente semplice si aggira su una somma di 105 ed anche al ristorante il costo è di   100 a persona, considerando un numero complessivo di trecento invitati; per fortuna il massimo della spesa per gli addobbi della chiesa è di   250, a fronte delle partecipazioni che arrivano ad   500 con la qualità migliore della carta. Il noleggio dell'auto non supera   250 ed il complesso musicale rientra nella somma che si paga per ogni invitato al proprietario del ristorante.

Es. In Italia il numero dei matrimoni aumenta.

C. **Ricercate nel testo le parole che corrispondono alle seguenti definizioni.**

1. Il vivere insieme di una coppia non sposata (r. 1) . . . .

2. Diminuzione, ribasso (r. 2) . . . .

3. Capacità di attrarre (r. 8) . . . .

4. È sinonimo di andare in pezzi, rompersi (r. 15) . . . .

5. Ciò che si aspetta (r. 13) . . . .

D. **Segnate con una X ciò che esprime la seguente parola.**

Macché

☐ decisa negazione o opposizione
☐ decisa affermazione

E. **Riportate sotto le colonne giuste le parole scritte qui di seguito.**

stai scherzando?! - ehm! - mah! - non... mica - magari - probabilmente - signorsì - uhm! - boh! - perfetto - nossignore - zero - nemmeno - niente - senz'altro - senza dubbio - d'accordo

Affermazione	Negazione	Dubbio/ Incredulità
perfetto	. . . .	. . . .
. . . .	. . . .	. . . .
. . . .	. . . .	. . . .

F. Completate le seguenti frasi con le parole scritte sopra e scegliendole in base al contesto.

1. Soldati, avete preso visione del regolamento? ....

2. Qualcuno ha speso tutti i nostri risparmi, utilizzando la nostra carta di credito. ....
Non ci posso credere.

3. Allora che ne dici di questa avventura mozzafiato? Vieni anche tu? .... ! Devo pensarci su.

4. Allora, intesi! Ci si vede alle sette sotto casa tua. .... A domani!

5. .... è .... brutto questo vestito?

6. Non avete visitato l'Egitto? .... noi.

7. Ragazzi, non siete stati bravi stasera; per punizione, ... televisione.

G. Cancellate in ogni gruppo la parola estranea per significato alle altre.

rete	chiocciola	navigare	scherma	programmatore
sito	cursore	salpare	stampante	astrologo
audiocassetta	biro	cliccare	tastiera	informatico

H. Individuate i valori di "si" nelle seguenti frasi e trovate altri modi per esprimere lo stesso concetto.

1. Le seconde e terze nozze non si possono celebrare in chiesa.

....

2. Per il matrimonio, si sa, ci vogliono molti soldi.

....

3. Per ciascuna voce si considerano le spese minime e massime.

....

4. Una sala di ristorante si prende anche per   1250.

....

5. Con aggiunta di video, si spendono   1500.

....

6. Se si naviga, si incontrano molti siti su questo argomento.

....

7. Ci si può invaghire di una persona.

....

I. **Rendete impersonali le forme verbali delle frasi seguenti.**

Modello: Noi ci alziamo tardi in vacanza.
*   Ci si alza tardi in vacanza.*

1. Ci ammaliamo facilmente con i cambiamenti continui di temperatura.

....

2. Ci scontriamo spesso su problemi politici.

....

3. Ci lamentiamo spesso anche per piccole cose.

....

4. Non abbiamo molto tempo; ci limiteremo a dire le cose essenziali.

....

5. La sera ci divertiamo nei pub.

....

6. Quando studiamo non dobbiamo distrarci.

....

7. All'università, tra studenti ci diamo subito del tu.

....

8. Quando stiamo in compagnia, non ci accorgiamo che il tempo passa e, così, andiamo a letto molto tardi.

....

9. Svolgiamo attività di volontariato e, per le situazioni più difficili, ci mobilitiamo tutti quanti.

....

II. **"Su", "per" o "con"? Scegliete la preposizione giusta (nella forma articolata quando è necessario) per completare le frasi seguenti.**

1. Il libro che mi hai regalato .... cucina italiana mi è piaciuto molto.

2. È venuto a cercarti un uomo .... cinquant'anni.

3. Spedisci .... posta questi documenti, per favore!

4. A Bolzano si registra il 42 .... cento di matrimoni civili.

5. C'è stata una ripresa .... un incremento dell'1,3%.

6. Si è avuto un calo della produzione .... una flessione del 2%.

7. Il mobile costa .... 1000 euro.

8. Più di sei donne .... 10 vorrebbero diminuire i propri impegni.

9. Si è fatto largo .... molti sacrifici.

10. .... i tempi che corrono è difficile mantenere la famiglia .... un solo stipendio.

11. Hai una brutta puntura di zanzara .... viso.

12. Questo tappeto è lungo .... 2 metri.

13. È possibile pagare .... assegni circolari?

14. Questa notte è nevicato tanto e si può circolare solo .... le catene.

15. Ho acquistato questo bellissimo quadro .... pochi soldi.

16. Organizziamo uno spettacolo .... beneficenza.

Lavorate a coppie.
Parlate di un matrimonio a cui avete assistito.

(In quale mese si è svolto/ quanti invitati c'erano/ come erano vestiti gli sposi. Dite se gli sposi erano calmi, nervosi, commossi; descrivete il momento più commovente, quello più divertente, la cerimonia, il pranzo, la festa).

Scrivete un elaborato sull'argomento.

M. **Coniugate gli infiniti tra parentesi all'imperativo ed aggiungete il pronome che sostituisce la parola indicata.**

1. Noi (applaudire) gli attori.   *applaudiamoli*
   ....
2. (Lei - offrire) i confetti.   ....
3. (Voi - scegliere) le partecipazioni.   ....
4. (Tu fare) la lista di nozze.   ....
5. (Lei - noleggiare) la macchina.   ....
6. (Lei - addobbare) la chiesa.   ....
7. (Tu - muovere) il mouse.   ....
8. (Loro - trovare) il sito internet.   ....
9. (Loro - considerare) le spese.   ....
10. Non (Loro - buttare) il riso.   ....

N. **Completate con le lettere mancanti i verbi che si possono unire con la parola "matrimonio".**

Co ... bin ... re

Cel ... b ... a ... e   sci ... g ... ie ... e

UN MATRIMONIO   ... ontra ... re

An ... u ... la ... e   sfa ... ciare

f ... re

A. Leggete il seguente sondaggio. Utilizzando i dati più rilevanti, illustrate e commentate le informazioni che dà.

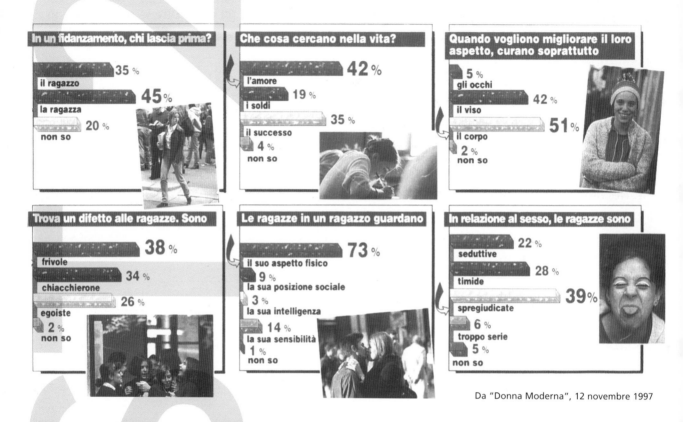

Da "Donna Moderna", 12 novembre 1997

......./10

B. Mettete i seguenti aggettivi sotto la colonna giusta. (Alcuni aggettivi possono riferirsi a più sostantivi).

> arrendevole - immangiabile - solido - bevibile - sostanzioso/a - lodevole - efficiente - competitivo - maneggevole - perfezionista - nutriente - cinico - frivolo/a - piccante - digeribile - frizzante - abbondante - calorico - pesante - economico - portatile - funzionale - gustoso/a

Cibo/Bevanda	Persona	Oggetto
....	....	....
....	....	....
....	....	....
....	....	....
....	....	....
....	....	....
....	....	....

......./23

C. **Formate il passivo delle seguenti frasi.**

1. Il consigliere ha rassegnato le dimissioni.
2. Abbiamo costruito un villaggio globale sul trillo del cellulare.
3. Presi la decisione senza riflettere.
4. Conoscevamo la loro storia meglio dei soliti amici.
5. Gli sposi affittarono per il ricevimento una lussuosa villa.
6. Avevamo già pagato molti soldi per le bomboniere.
7. Noi dobbiamo spedire gli inviti al più presto.
8. Non potrai firmare gli assegni, perché risulterebbero in bianco

.../8

D. **Alcune frasi sono errate. Trovate e correggete gli errori.**

1. Al matrimonio c'erano più amici di parenti.
2. Il consumo di vino ha diminuito.
3. È meglio che chiedete scusa alla nonna per averle mentito.
4. Non intendiamo dedicarci troppo ai lavori domestici.
5. Finalmente Paolo ha chiesto in sposa Alessia; insomma ha fatto quattro passi.

.../5

E. **Scrivete almeno dieci parole (verbi e aggettivi) che possiamo riferire a "telefonino".**

....
....

..../10

F. **Inserite le preposizioni giuste, scegliendole tra le seguenti ed articolandole, se necessario.**

| a - da - in - su - per - di - con |

1. È .... calo il numero .... italiani che consumano giornalmente il vino.
2. .... sondaggio emerge che gli italiani non leggono molto.
3. Un servizio fotografico costa .... 900 euro.
4. Hanno pagato .... una banconota .... cento euro.
5. È il tipo .... persona che quando inizia .... parlare non smette più.
6. .... brutta esperienza ho imparato .... essere più cauta.
7. È morto .... infarto poco dopo il ricovero .... ospedale.
8. .... costruire il ponte ci sono voluti due anni .... duro lavoro.
9. Ho pensato .... regalarle un cappello .... paglia.
10. Dove hai comprato gli occhiali .... sole ed il costume .... bagno che indossi?
11. .... estate il nostro piatto preferito è l'insalata .... riso.
12. Questo vestito .... sera non è adatto .... Lei.

..../22

TOTALE .... /78

Unità 10
Perché si veste così

Pre-lettura

Secondo voi, in quanti gruppi si possono dividere i giovani italiani in base ai loro stili di abbigliamento? Per cosa essi spendono più soldi? A chi si ispirano?

Jeans stracciati e magliette da hippie. Anfibi fosforescenti e scarpe da ginnastica con la zeppa. Scoprite qui cosa spinge vostro figlio a seguire le pazze mode dei teenager di oggi.
di Lucia Corna

Scene di vita quotidiana in una grande città. Alla fermata dell'autobus chiacchierano due ragazze. Entrambe indossano jeans dall'orlo lungo e consunto, scarpe da tennis e ciondoli etnici. Pochi metri più in là è suonata la fine delle lezioni in un liceo. Una fiumana di teenager in giubbotto, camicia e pullover si riversa fuori dal portone, inforcando bici e motorini. Una lei (farà il terzo o quarto anno) abbraccia il fi-
5 danzatino che l'aspetta: lui porta la maglietta di un gruppo rock, anfibi e un cappellino di lana calato sulla fronte. Niente di strano. Se non che, a guardare questi ragazzi, ci si accorge di quanto diversi e apparentemente contrastanti siano i loro stili di abbigliamento. Perché? *"L'abito non è più legato a un'ideologia come succedeva nel Sessantotto e negli anni Settanta",* spiega Emanuela Mora, sociologa, che insieme alla collega Laura Bovone ha pubblicato in questi giorni il saggio *La moda della metropoli*
10 (Franco Angeli). *"I giovani scelgono uno stile o magari se lo inventano, in maniera più flessibile, mediando tra ciò che piace loro e ciò che fa tendenza."*

Tanti idoli da imitare

I teenager insomma seguono la moda ma senza esserne succubi. *"Si ispirano ai personaggi dello sport, della musica e della televisione"* sostiene Vanni Codeluppi,
15 sociologo dei consumi e consulente della società di ricerche Gpf & Associati. *"E quando scelgono un abito è perché è quello più giusto per lanciare un messaggio ai coetanei o ai genitori".* Dai cantanti di musica rap, per esempio, è nato "lo stile da strada": scarpe grosse, jeans
20 enormi calati sui fianchi, cappellino con la visiera rovesciata. Anfibi e T-shirt con immagini horror, oggi tanto diffusi tra i giovani, sono invece tipici dei gruppi hard rock. Abiti che, come spiega il libro delle due
25 sociologhe, "parlano" agli adulti. A partire dal modo di vestire noi abbiamo scoperto tre gruppi: i ragazzi "pro", quelli "contro" e quelli "fuori" spiega Emanuela Mora. I

primi sono quelli che si vestono in linea con la logica
degli adulti. Tra loro ci sono i "griffati" che
30 provengono dai ceti più alti e che sono molto attenti
alle marche. È facile individuarli: la loro divisa
comprende scarpe Tod's, Polo Ralph Lauren e
giubbotto Barbour: gli stessi capi amati dai trenta e
quarantenni. Chi proviene da ceti medio bassi,
35 invece, sceglie un abbigliamento casual poco
vistoso, ma sempre simile a quello di mamma e
papà. E ha una sola mania: i Levis 501.
"Perché sono i jeans più legati alla cultura
americana, sinonimo di libertà d'espressione e
40 *autonomia"* spiega Mora. Stili di abbigliamento che
esprimono la volontà di andare controcorrente
caratterizzano "i ragazzi contro".
Sono quelli che esprimono rabbia e ribellione contro
gli adulti anche con il look. Jeans colorati, soprattutto
45 gialli o rossi, stivali di qualsiasi marca, qualche
borchia accomunano i discotecari, giovani che il
sabato partono dall'hinterland delle grandi città per
andare a ballare nei locali del centro. Jeans strappati
con gli orli sfrangiati e magliette stinte acquistate ai

50 mercatini dell'usato sono i più amati dai nuovi hippie. "Il loro aspetto", spiega Mora "assomiglia a
quello dei ragazzi degli anni Settanta ma non ha un significato profondo, è solo un vestirsi come
allora".

Il look degli arrabbiati

Provocatori, oltre la logica sia del conformismo sia della ribellione sono infine i "fuori". Quelli che,
proprio per questo, sentono più forte il bisogno di vivere in gruppo. "Tipico di questi ragazzi è di avere
55 una doppia vita" dice Mora. "Di giorno sono tranquilli, quasi non esistono, di notte o la domenica
tirano fuori la loro vera identità". Tra questi i graffitari, autori delle strane scritte che invadono i muri
delle città. I loro abiti sono studiati accuratamente. Si vestono come i teenager dei ghetti americani, con
le scarpe da basket, per correre veloci quando vengono scoperti, magliette oversize e pantaloni
multitasche per nascondere le bombolette spray. Allo stesso modo gli ultras. Apparentemente in
60 comune hanno un solo capo d'abbigliamento: la sciarpa della squadra. "Ma se li si guarda bene" precisa
la sociologa "si scopre che i vestiti sono sempre larghi e comodi: giusti per la lotta sugli spalti." Tante
tendenze, tanti stili, quindi. "Tutti i giovani, però hanno una debolezza comune: le scarpe".
"Per loro spendono follie."

Da "Donna Moderna", 28 gennaio 1998

A. **Rispondete alle seguenti domande.**

1. Qual è, secondo le autrici del libro "La moda della metropoli", il rapporto tra i giovani e la moda?
2. A quali idoli si ispirano?
3. Per quale accessorio spendono molti soldi? E perché?

B. **Scrivete sotto ogni colonna i tratti essenziali che li contraddistinguono.**

"ragazzi pro"	"ragazzi contro"	"ragazzi fuori"
....	....	....
....	....	....
....	....	....
....	....	....
....	....	....
....	....	....
....	....	....
....	....	....
....	....	....

C. **Tra i seguenti trovate i significati delle parole scritte sotto.**

frequentatore di paninerie - frequentatore di discoteche - calciatore che di solito resta in panchina, cioè fa da riserva - ragazzo che ammira e segue fanaticamente i più violenti filoni della musica rock, che ammira e segue la musica rock - che fa graffiti - persona che crea confusione e pasticci - che fa parte di un gruppo - persona esperta dell'aspetto, del modo di vestire - abitante di borgata

borgataro ....   gruppettaro ....
graffitaro ....   lookettaro ....
paninaro ....   panchinaro ....
metallaro ....   discotecaro ....
rockettaro ....   casinaro (casinista) ....

Esprimete con parole vostre questo passaggio dell'articolo "Una fiumana di teenager si riversa fuori dal portone inforcando bici e motorini".

Lavorate a gruppi e confrontatevi sui seguenti aspetti.
- Vi riconoscete in un uno di questi gruppi?
- Quale messaggio volete lanciare con l'abbigliamento da voi scelto?
- Quanti di voi portano jeans dall'orlo lungo e consunto, calati sui fianchi e cappellino con la visiera rovesciata? I vestiti che indossate devono essere larghi e comodi o attillati?

D. **Scrivete i capi di abbigliamento, i luoghi, le persone citati nel testo.**

Capi di abbigliamento	Luoghi	Persone
....	....	....
....	....	....
....	....	....
....	....	....
....	....	....
....	....	....
....	....	....
....	....	....
....	....	....
....	....	....
....	....	....
....	....	....
....	....	....
....	....	....
....	....	....
....	....	....
....	....	....
....	....	....

E. **Ricercate nel testo le parole corrispondenti alle seguenti definizioni.**

1. Insieme di principi ed idee di un movimento culturale o politico (r. 8) ....

2. Uniforme indossata da coloro che fanno parte di un'organizzazione o che svolgono la stessa attività (r. 31) ....

3. Gruppo di persone con tratti sociali ed interessi comuni che caratterizzano la loro attività e posizione nella società (r. 34) ....

4. Disturbo mentale, idea fissa, abitudine insolita (r. 37) ....

5. Gradinata dello stadio (r. 61) ....

Pre-lettura

Nell'articolo che leggerete si parla dei tifosi della squadra della Roma e di quella della Lazio.

Fate una vostra ipotesi, segnando con x una delle due affermazioni.

Secondo voi, ha un'anima più popolare,

☐ la tifoseria romanista

☐ la tifoseria laziale

Noi, i ragazzi di curva

Domani la grande sfida. Sarà il giorno anche delle due curve. Scopriamo il pianeta ultrà.

di Maurizio Salticchioli

ROMA - Tifosi in divisa. Nord e Sud a confronto: emergono due modi diversi di interpretare moda e tendenza under 25. L'età
5 ecco è l'unica che abbraccia i due angoli dell'Olimpico. Si è abbassata di colpo negli ultimi anni. Oggi vanno forte i giovanissimi: i sedicenni alzano la voce e con-
10 quistano subito spazio. Il leader di un gruppo non ha più di diciott'anni. Sono le nuove leve di un tifo che cambia pelle e faccia. È anche modo di fare grup-
15 po. Cambiano anche i rapporti con la società. Cercano, laziali e romanisti, di restare uniti attraverso la "divisa". E insieme fissano i punti di riferimento quoti-
20 diani: dal ristorante al ritrovo, ai locali dove ascoltare musica. L'identikit delle due tifoserie curvarole presenta sorprese clamorose. E anche curiose contraddi-
25 zioni. Pochi davvero i punti in comune tra laziali e romanisti. Pantaloni e cappellino convivono e sopravvivono ai colori delle sciarpe. Jeans e berretto da ba-
30 seball vanno bene sia per la Nord che la Sud. Per il resto ci troviamo di fronte a due iden-

tikit che esprimono anime diverse. Popolare quella giallorossa,
35 più ricercata quella biancoceleste. Sono stati gli stessi gruppi - guida delle curve a disegnare la divisa del tifoso modello. La scelta dei testi di lettura rappresen-
40 ta la conferma inequivocabile della differenza tra due mondi apparentemente così diversi. Quotidiani sportivi e comunque cronache sportive, per i tifosi
45 giallorossi, che si presentano con felpa-cappuccio stile americano e scarponi anfibi. I più raffinati con le Timberland. Swatch e occhialetti anonimi, rotondi o ret-
50 tangolari. Ma dimensioni ridottissime. A tavola, poi, si siedono il tempo strettamente necessario per consumare un panino e una birra. Ma anche la Coca Cola va

55 forte. Spuntini da fast food. Per la musica, dance e hip-hop. È il ritratto del tifoso romanista. Va allo stadio con il motorino. Mai da solo e rigorosamente senza
60 casco: "Dove lo lasciamo?" È davvero un bel problema questo, perché all'ingresso il casco non passa. Musica per intenditori in curva Nord. Tolleranza per il
65 cappello in stile baseball, con variante per quello in voga fra i pescatori, impermeabilizzato. E passi pure il jeans. Ma per il resto, il laziale guarda la partita
70 con Gucci e sfoggia una bella felpa con serigrafia pettorale ("Noi tiriamo dritti per la nostra strada cantando in tutti gli stadi") Firmata " Irriducibili" come la sciar-
75 pa su sfondo blu. Per il pranzo viene privilegiato il ristorante alla tavola calda. Scarpe firmate: Puma e New Bells. Al polso spunta il Rolex. E quando i soldi non
80 bastano ci si arrangia con l'orologio fatto in casa l'"Original fans". La lettura consolida la differenza: i laziali trovano conforto e spunti nelle pagine di Julius
85 Evola. La distrazione ha un nome: *Nobiltà ultrà*.

Da "Il Messaggero", 20 novembre 1999

Dopo aver letto il testo, segnate con una X l'affermazione giusta.

1. Lo stadio di Roma si chiama

a) Olimpico.
b) Campidoglio.
c) San Siro.

2. L'età media del tifoso

a) si è alzata.
b) si è abbassata.
c) è rimasta uguale.

3. I tifosi della Lazio preferiscono

a) il ristorante.
b) la tavola calda.
c) la trattoria.

4. I tifosi della Roma leggono per lo più

a) libri impegnati.
b) riviste.
c) quotidiani sportivi.

L'IDENTIKIT DELL'ULTRÀ

Scrivete sul disegno le caratteristiche della divisa e degli altri aspetti dei tifosi della Roma e della Lazio.

ROMA

LAZIO

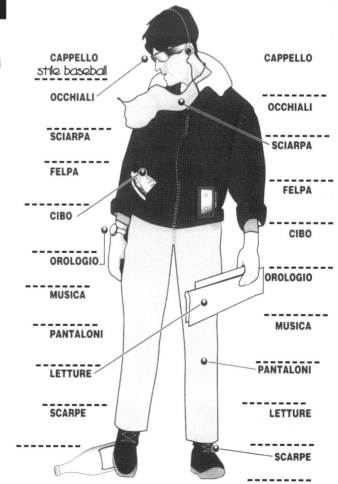

CAPPELLO
stile baseball

OCCHIALI

SCIARPA

FELPA

CIBO

OROLOGIO

MUSICA

PANTALONI

LETTURE

SCARPE

CAPPELLO
- - - - - - - - -

OCCHIALI
- - - - - - - - -

SCIARPA

FELPA
- - - - - - - - -

CIBO
- - - - - - - - -

OROLOGIO

MUSICA
- - - - - - - - -

PANTALONI

LETTURE
- - - - - - - - -

SCARPE
- - - - - - - - -

C. **Completate le seguenti frasi che si riferiscono al testo.**

1. La curva della Roma è quella ....

2. Tra i tifosi oggi vanno forte ....

3. I laziali e i romanisti hanno in comune ....

4. Le differenze sono: ....

5. Hanno un'anima più ricercata i ....

6. Il giovane tifoso romanista preferisce andare allo stadio con ....

D. **Scrivete gli aggettivi che possono sostituire "forte" nelle seguenti frasi.**

1. È un vino molto forte (....) per me e non è buono per pasteggiare.

2. Il mio compagno di banco è forte (.......................) in latino e mi fa copiare tutti i compiti in classe.

3. Questo negozio ha solo taglie forti (....).

4. Durante il litigio si sono detti parole forti (....).

5. Quella coppia è molto affiatata, tra di loro c'è un legame forte (....).

6. Non c'è alcun pericolo che si ubriachi perché è un forte (....) bevitore.

7. Che partita stupenda; la nostra squadra è davvero forte (....).

8. La fune è forte (....) e reggerà di sicuro.

9. Dalla cucina veniva un forte (....) odore di caffè.

E. **A quale disegno (1, 2, 3) si riferisce il seguente identikit.**

La polizia ha fermato allo stadio degli ultrà che avevano aggredito alcuni tifosi della squadra avversaria quando questa ha segnato il secondo goal. Uno di loro ha ferito gravemente un anziano. Alla stazione di polizia è stato ricostruito l'identikit del colpevole. Aveva capelli lunghi ed incolti, un naso camuso e gli occhi piccoli e neri, la fronte bassa e labbra sottili. Indossava pantaloni con larghe tasche, un giubbotto di pelle malridotto ed un berretto. Calzava anfibi massicci ed era pieno di borchie. Sul polso aveva un tatuaggio molto evidente.

1.   **2.**   **3.**

F. **Completate le frasi , scegliendo le espressioni giuste tra le seguenti.**

> a ruba - forte - in onda - all'asta - pazza per - a zonzo - contro corrente - sul sicuro -
> a gonfie vele - a tutta birra - su tutte le furie - più - a picco

1. Il nostro professore è andato .... quando si è accorto che abbiamo falsificato la firma dei genitori sulle nostre giustificazioni.

2. I gruppi rock americani vanno .... in questo momento tra i giovani italiani

3. Questo modello è ormai desueto: non va ....

4. I portafortuna che abbiamo realizzato stanno andando ....

5. Questa sera in TV va .... l'ultima puntata di "Friends".

6. La ditta è fallita e tutti gli immobili vanno ....

7. Vado .... tutti i tipi di dolci ed in particolare per il tiramisù.

8. La nave è andata .... in seguito alla violenta tempesta.

9. Quando ho un po' di tempo libero, mi piace andarmene .... per la città.

10. Chi va .... non ha vita facile nella società.

11. Andremo ...., se sfrutteremo meglio la forza del vento.

12. Se non vuoi sbagliare regalo e vuoi andare ...., compragli un libro perché so per certo che è appassionato di lettura.

Lavorate a coppie e scambiatevi le seguenti domande.

• Sei un/una tifoso/a? Quali sono i colori della tua squadra ?
• È possibile identificare una divisa dei tifosi?
• Vai spesso allo stadio? Come segui la tua squadra del cuore?
• Quali sono gli sport più popolari nel tuo Paese? Quali i più economici e quali i più cari?

Scrivete un elaborato.

Esprimi la tua opinione su quando "*il tifo*" negli stadi diventa qualcosa di negativo.
Cosa bisognerebbe fare, secondo te, per scoraggiare questi atteggiamenti.
Parla delle tue esperienze dirette o indirette sull'argomento.

G. **Evidenziate nel puzzle almeno 9 parole che si riferiscono ad azioni compiute con parti del corpo.**

H. **Scrivete una frase con ognuna di esse.**

G	I	N	O	C	C	H	I	A	T	A	F
O	B	E	G	T	T	M	N	G	H	O	R
M	A	N	A	T	A	G	O	N	Z	D	P
I	V	M	M	B	G	R	C	D	L	E	O
T	D	E	B	R	A	C	C	I	A	T	A
A	P	R	A	G	D	P	H	T	A	S	R
T	E	S	T	A	T	A	I	A	Q	I	T
A	D	T	A	G	G	I	A	T	T	A	R
G	A	A	R	C	O	N	T	A	N	T	R
T	T	R	S	P	R	O	A	E	G	G	E
Q	A	S	I	S	G	R	E	T	O	L	A

....

....

....

....

....

....

....

....

....

Unità 11
Accessori e capi di abbigliamento

A. **Scegliete tra quelli indicati con le figure i nomi di accessori o capi di abbigliamento a cui si riferiscono i brevi testi che seguono.**

1. ....

Torna aderente. La punta si sfila, il tacco si alza. Le lunghezze ci sono tutte: sopra la caviglia, a metà polpaccio, al ginocchio. È molto di moda in ogni versione, compreso il "boot" americano da abbinare ad un look giovane.

2. ....

Sono allusivi, certo, dato che fasciano cosce e polpacci. Ma anche protettivi: infatti non mostrano direttamente la pelle. Hanno anche un valore cosmetico: sono la maschera di bellezza delle gambe, di cui mimetizzano le imperfezioni.

3. ....

Il tacco? Sì, grazie. Una moda tutto lusso ed eleganza non può fare a meno di camminare alto. E vuole tacchi raffinati: affusolati e ben sagomati. Vecchia zeppa, addio.

4. ....

Normalmente si pensa che sia soprattutto uno status symbol, sinonimo di ricchezza e potere. Ma è solo una parte della verità. Perché è innanzitutto una "pelle sulla pelle" e ciò che comunica è un'idea di selvaticità, un ritorno allo stato ferino che significa aggressività, istinto, eros. Ma c'è dell'altro: visoni, lapin e giacconi di volpe sono conseguenza del sacrificio di esseri viventi. E indossarne uno ha una forte carica provocatoria: equivale a sfidare il tabù dell'uccisione.

5. ....

Dopo stagioni di sacche e tracolle in materiali sportivi, ricompare la classica con due manici, da vera signora. Non deve essere troppo grande, si può coordinare alla fantasia dell'abito. La più chic è a forma di bauletto, come lo storico modello Bagonghi di Roberta di Camerino, nato negli anni Cinquanta.

Stivale

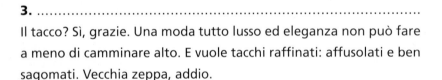

Pelliccia

Gonna

Cintura

Calze

6. ....

C'è quello da giorno con la tesa piccola, quello chic a falda larga, quello esagerato, decorato con fiori e piume. E poi ci sono il tipo Borsalino reinterpretato con infiniti guizzi di fantasia, il basco alla francese, lo zucchetto lavorato a mano. C'è quello per tutti i giorni, di pelo, di pelle, di lana e quello per osare, di simil serpente o di vero pitone... Chiaro, no? Prima di uscire di casa, mettetelo!

7. ....

O cortissima o lunghissima. Chi opta per la prima non sa che, oltre a dichiarare di voler apparire sexy, denuncia anche un'aspirazione a non voler crescere mai (o meglio ad invecchiare). Più matura la dichiarazione di femminilità di chi le porta maxi ma con spacchi profondi.

8. ....

Se il vostro stile predilige le forme lineari e sobrie è un accessorio con cui aggiungere un tocco di fascino. È di gran moda in tutte le interpretazioni. A fascia da portare su un completo gonna e camicetta, con una fibbia importante. O da annodare in vita su un abito leggero o un cappotto morbido.

9. ....

Coloratissimi e appariscenti, diventano l'elemento chiave per rinnovare e ravvivare l'abito nero. Una soluzione facile, di grande effetto e alla portata di tutti. Per chi ama un'eleganza rigorosa ci sono in tinta unita (se portate con un abito scuro, osate anche un rosa ciclamino o un giallo oro). Per chi ama giocare ci sono quelle zebrate. Per le esagerate, le fantasie più sfrenate.

Cappello

Scarpe

Borsa

Fuseaux

unità 11: **Accessori e capi di abbigliamento**

🖳 Pre-lettura

Test 1

B. **Abbinate le parole della prima colonna a quelle della seconda che esprimono il rispettivo significato.**

1. sirena   **a.** indumento che le donne mettono sotto il vestito

2. sottoveste   **b.** personaggio mitologico a forma di donna e di pesce che incantava i naviganti

3. passerella   **c.** movimento rapido e scattante

4. guizzo   **d.** lunga pedana su cui sfilano le indossatrici

TEST: dimmi che tipo sei e ti dirò cosa scegliere di Cristina Giorgetti

1 Che abito sogni per una sera molto speciale?

a) Il vestito da sirena di Versace

b) La mise eclettica di Dolce & Gabbana

c) L'abito sottoveste di Armani

d) La fantasia di veli di Bluemarine

e) Le geometrie vedo-non vedo di Ferré

2 Quali sono le tue fantasie preferite?

a) Quelle vistose e grandi
b) Il maculato e il tigrato
c) Scegli soprattutto capi a tinta unita
d) Ti piacciono i tessuti fiorati
e) Prediligi i disegni geometrici

3 Quali sono i colori che scegli più spesso?

a) Quelli metallici, come oro, argento e bronzo
b) Quelli forti, decisi
c) I non colori: bianco e beige, grigio e nero
d) Le tinte vivaci
e) I colori puri come blu, rosso, verde

4 Il Tailleur secondo te deve essere:

a) Fantasioso come quello di Cavalli

b) Audace come quello di Jean Paul Gautier

c) Rigoroso come quello di Donna Karan

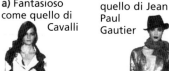

d) Spiritoso come quello di Bluemarine

e) Lineare come quello di Prada

5 Con quali di questi capi vorresti scaldarti il prossimo inverno?

a) Un giacchino di pelliccia come quello di Cavalli

b) Un montone colorato come quello di Dolce & Gabbana

c) Un cappottino elegante come quello di Armani

d) Un cappotto fantasia come quello di Coveri

e) Un cappotto strutturato come quello di Ferré

6 I capi che ti piacciono hanno forme:

a) Morbide ma ben costruite
b) Nuove e originali
c) Fluide e destrutturate
d) Semplici ma femminili
e) Geometriche e ben definite

Pre-lettura

Scambiatevi le seguenti domande.

Conoscete i nomi di alcuni stilisti italiani? Quale preferite? Cosa pensate dei loro abiti?

Dimmi che tipo sei e ti dirò che cosa scegliere

Maggioranza di risposte A:

sensuale come l'attrice e cantante Jennifer Lopez, una donna che ama sedurre con il corpo e vestirsi con fantasia. Sfacciatamente femminile, irresistibilmente sensuale e tremendamente alla moda. Ti piace seguire il vento che soffia dalle passerelle. Sei disposta a spendere una discreta fortuna pur di indossare abiti firmati. Quelli che preferisci mescolano linee classiche e guizzi eccentrici. Vuoi essere al centro dell'attenzione. E ci riesci. **Il suo stile esprime**: femminilità, sensualità, ma anche mistero. E poi creatività, libertà. Vestirti è un modo per sentirti (o mostrarti) donna. **Ispirati alla moda di**: Versace e Roberto Cavalli. I loro abiti mescolano lusso e sensualità. Uniscono il rigore delle linee all'originalità dei colori e alla preziosità dei tessuti. Per la donna che sa prendersi sul serio ma sa anche stare al gioco. Che vuole piacere, ma anche divertire.

Maggioranza di risposte B:

audace come la rockstar Madonna, dea della trasgressione e abile trasformista, che ha fatto della propria immagine un gioco. Provocatoria, originale, libera. Coltivi i valori del passato, ma non ami la tradizione quando diventa un ostacolo al cambiamento, al coraggio di osare. E tu di questo coraggio ne hai da vendere. Hai gusti, idee, desideri che spesso gli altri giudicano originali. Sei una donna con una forte personalità e non hai paura di mostrarla. Non a caso i tuoi modelli femminili spaziano da Sophia Loren a Madonna, donne che i miti anziché subirli, li hanno creati. **Il tuo stile esprime:** il sottile piacere della trasgressione, il tuo spirito giovane. **Ispirati alla moda di**: Dolce & Gabbana e Jean Paul Gaultier, artisti della provocazione.

Maggioranza di risposte C:

rigorosa come la modella spagnola Ines Sastre simbolo di compostezza e femminilità. Ma anche di determinazione. Sul lavoro, qualunque sia il tuo ruolo, hai il piglio della donna manager. In casa pure. Rigore, misura e compostezza sono gli ingredienti del tuo stile. Preferisci i pantaloni alla gonna, la giacca alla camicetta, il capello corto o raccolto alla chioma fluente. Anche per una festa scegli abiti dai tagli severi. E se ti capita di cedere all'amica che vuole prestarti un vestito un po' frivolo, non riesci proprio a sentirti nei panni giusti.

Il tuo stile esprime: amore per l'essenziale, un animo raffinato e un po' intellettuale.

Ispirati alla moda di: Giorgio Armani e Donna Karan. Sono le firme giuste per chi, come te, ama rubare le idee al guardaroba maschile. I loro modelli hanno forme lineari, ma morbide. Sono rigorosi nei colori.

Maggioranza di risposte D:

scherzosa come la showgirl Paola Barale, una donna che ama giocare con la propria bellezza. E che ha il fascino dell'ironia. Abiti colorati come coriandoli, scherzosi quanto il carnevale, vezzosi come quelli di una bambola. Ecco cosa le piace. Questo gusto giocoso e fresco da ragazzina, però, nasconde un carattere volitivo e determinato. Del resto, se non fossi sicura di te, non avresti un look così originale, a volte ardito. Ma sei anche romantica. **Il suo stile esprime:** la passione per il gioco, il gusto per l'ironia, la capacità di sedurre con l'imprevedibilità e la vivacità di una bambina. **Ispirati alla moda di**: Blumarine ed Enrico Coveri, che propongono capi giovani e frizzanti. Blumarine vuol dire *femme fatale* ma anche donna bambina e ironica. Mentre Coveri firma uno stile e allegro e ottimista in cui i colori pieni e spudorati fanno a gara per sorprendere. Proprio come fai tu.

Maggioranza di risposte E: siderale come l'attrice Nicole Kidman. Raffinata, colta, austera. Ma anche dolcissima. Come il suo modo di vestire. Sei convinta che tutto debba significare qualcosa. Anche l'abito, naturalmente. Che deve essere curato nei particolari, raffinato, potremmo dire colto. Come te. Ami il cinema impegnato e i libri impegnati. Ovviamente scegli abiti di lusso, mai frivoli. **Il tuo stile esprime:** una personalità moderna, gusto per le geometrie, voglia di distinguerti. **Ispirati alla moda di:** Ferré, che progetta capi d'abbigliamento come oggetti di design: linee diritte, maschil-femminili. E Prada, che sembra tradurre in moda l'arte contemporanea: forme semplici in tessuti modernissimi o capi sportivi con linee e sfumature da sera.

Da "Donna Moderna", ottobre 2000

Pre-lettura

Assumete una posizione particolare quando vi sedete? E' possibile, secondo voi, che il modo in cui ci sediamo possa suggerire un profilo psicologico?

Test 2

Lui è davvero in gamba?

POSIZIONE 1

È pigro e non ha un grande spirito d'iniziativa. Ama seguire i consigli che gli altri gli danno e dev'essere continuamente stimolato. Attenzione: può nascondere alcuni aspetti negativi del suo carattere...
Però si può contare su di lui ed è fedele: non ti tradirà mai.

POSIZIONE 2

Calmo e tollerante, ama il quieto vivere e odia le discussioni; dichiara sempre il suo punto di vista, ma non alzerebbe mai la voce per imporlo. Ha molto autocontrollo, perciò rappresenta una spalla su cui piangere e un punto di riferimento nei momenti in cui sei "fuori di testa".

POSIZIONE 3

Più sincero di così! Aperto, leale, altruista e generoso (quasi un santo!), lui è disposto farsi in quattro pur di accontentarti e di dimostrarti che a te ci tiene. Non conosce l'egoismo e - puoi scommetterci - è uno dei tipi più affidabili che si possano incontrare.

POSIZIONE 4

Quanti problemi! Ecco un tipo dalla mentalità contorta e ingarbugliata, ma che si crede più sensibile degli altri nel cogliere sfumature e aspetti profondi della vita.
Quando incontra una ragazza che ritiene intelligente, però, è capace di adorarla come una top model.

POSIZIONE 5

Il lui in questione ha un carattere debole e una scarsa opinione di se stesso.
Nasconde la sua sensibilità sotto un'armatura di aggressività che indossa per difendersi. Scoprire come lui è veramente è un'impresa difficile, ma poi dà delle incredibili soddisfazioni.

POSIZIONE 6

È un'insieme di timidezza e sincerità. Spesso si isola e in ogni caso fa amicizia solo con chi gli sta realmente a genio. Serio e responsabile, crede nella logica, ma comunque sa amare con il massimo coinvolgimento dei sentimenti. Se solo si lasciasse andare di più...

Illustrate le posizioni del ragazzo nel test n. 2, utilizzando i seguenti verbi.

accavallare - incrociare - piegare

Fate i test e dite se vi riconoscete nel profilo psicologico che corrisponde alle risposte che avete dato. In che cosa vi differenziate?

Nel test n. 1 è consigliato un abito per ogni profilo. Cosa ne pensate? Potreste indossarlo?

Quando e dove? Perché non potreste indossarlo?

C. **Scrivete in parentesi il significato dei modi di dire con la parola "gamba".**

1. La ditta è fallita perché il proprietario, con gli ultimi investimenti ha fatto un passo più lungo della gamba ( ).

2. Il mio collega è di gamba lesta ( ); infatti è arrivato primo alla maratona.

3. Il nostro medico di famiglia è in gamba: ( ) fa con facilità la diagnosi e trova subito la cura giusta.

4. Mia figlia è ancora piccola e cammina a quattro gambe ( ). È bello vederla gattonare.

5. Il direttore è tornato con la coda tra le gambe ( ) dalla riunione con i suoi creditori. Era molto umiliato.

6. Ho bisogno di aprire un nuovo negozio e questa volta devi aiutarmi, non devi mettermi i bastoni tra le gambe ( ) come hai fatto in passato.

D. **I due test sono ricchi di aggettivi. Scrivete sotto quelli che hanno i seguenti suffissi.**

-oso	-ale
vistoso	originale
....	....
....	....
....	....
....	....
....	....
....	....
....	....
....	....
....	....
....	....
....	....
....	....
....	....

E. **Coniugate all'imperativo gli infiniti tra parentesi.**

1. Se vuoi fare la modella, (tu - essere) .... pronta a fare molti sacrifici.

2. La giornata comincia alle sei del mattino: è l'ora in cui ci sono le condizioni ideali di luce per le foto. Perciò (tu - non andare) .... a letto tardi e (tu - alzarsi) .... presto.

3. Naturalmente (tu - presentarsi) .... fresca, riposata e ben curata.

4. (Tu - Dormire) .... almeno 8 ore!

5. Una modella è come un'attrice: (tu - entrare) .... nel personaggio che il tuo fotografo ti suggerisce, (tu - assumere) .... la posa e l'espressione giusta.

6. (Tu - Lavorare) .... sodo prima di una sfilata.

7. (Tu - Muoversi) .... con armonia mettendo un piede davanti all'altro.

8. (Tu - Mantenere) .... eretta la testa e (tu - distendere) .... la colonna vertebrale al massimo.

F. **Indicate con una x le frasi più colloquiali e dite quale potrebbe essere un eventuale contesto in cui vengono dette.**

1. Piantala di suonare a tutto volume! ☒

2. Si rassicuri, non è niente di grave! ☐

3. Datti una calmata, perché non hai niente di rotto! ☐

4. Si sbrighi, per cortesia, altrimenti perdo l'aereo! ☐

5. Datevi una mossa, altrimenti vi lascio a piedi ! ☐

6. Faccia un bel respiro profondo e calmerà la sua ansia! ☐

7. Alzate i tacchi! ☐

8. Abbiate pazienza ancora un po'! ☐

9. Metti ancora il naso negli affari miei e te la farò pagare! ☐

10. Sbolognate al più presto! ☐

11. Sparite, altrimenti chiamo i buttafuori. ☐

G. **Abbinate i seguenti sostantivi agli aggettivi sottoelencati.**

> *vestito - linea - tinta - carattere*

1. linea .... geometrica, fluida, classica, rigida, destrutturata.

2. .... eccentrico, lineare, colorato, firmato, raffinato.

3. .... volitivo, determinato, volubile, debole, positivo.

4. .... unita, vivace, spenta, originale, forte.

Lavorate a piccoli gruppi e confrontatevi sul vestito che scegliereste per:

• una serata in discoteca

• una festa a casa di amici

• una festa elegante per l'ultimo dell'anno

• un colloquio importante di lavoro

• un appuntamento galante per fare colpo

H. **Cancellate i verbi che sono estranei per significato agli altri, perché non riferibili alla parola "abito".**

Indossare	abbottonare	sbottonare	cucire	restringere
Portare	costruire	tagliare	affettare	realizzare	allargare
~~issare~~	mettere	abbinare	disegnare	provare

Esprimete la vostra opinione sul sondaggio riportato sotto. Lavorate in coppia o in piccoli gruppi.

Cos'è per voi la moda?

49% Un'occasione che hanno tutte le donne per valorizzarsi.

27% Un'omaggio alla femminilità.

12% Una schiavitù dei tempi moderni.

9% Un gioco per poche donne belle e ricche.

Unità 12
Verso la perfezione grazie ad un bisturi

🗐 Pre-lettura

A. Unite la parola della colonna di sinistra al corrispettivo significato della colonna di destra.

1. Cellulite   **a.** strumento usato negli interventi chirurgici

2. Liposuzione   **b.** mancanza del senso di appetito

3. Bisturi   **c.** intervento chirurgico per eliminare la cellulite

4. Anoressia   **d.** deposito di grasso

D. Guardate l'immagine e collocate al posto giusto i seguenti nomi che si riferiscono alle parti del corpo.

> fronte - zigomi - mento - naso - orecchio - coscia - ginocchio - caviglia - polso - gomito - piede - gamba - guance - indice - pollice - anulare - alluce

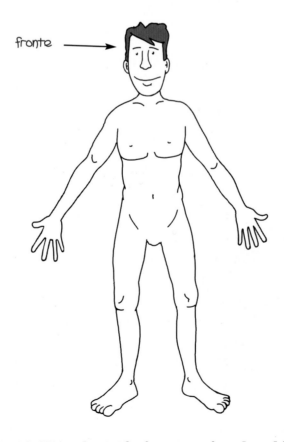

fronte

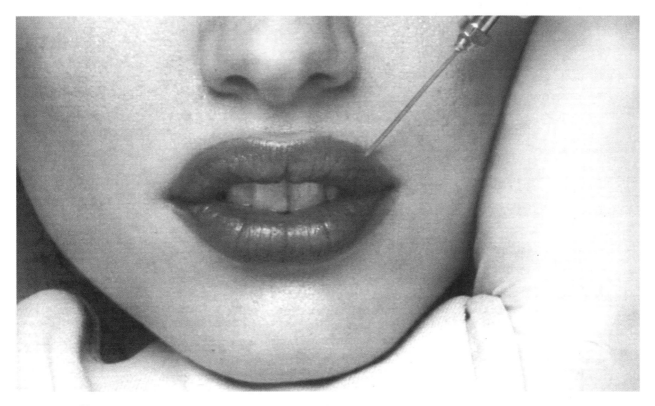

Leggete il testo seguente.

Perché accontentarsi se, grazie ad un bisturi, si può essere più belle? Lei si guarda nello specchio e, invece di godere lo splendore dei suoi anni, si detesta. In particolare, non sopporta quel naso strano, lo zigomo sfuggente e la coscia pesante. Che angoscia! Lei ci sta male sul serio.

E allora: *"Mamma, per Natale, fammi un regalo, uno solo, regalami una liposuzione".* Per Natale o per il diciottesimo, per la promozione, per una delusione d'amore che non passa.

E i genitori a volte cedono; a volte sono loro il motore di questa implacabile insoddisfazione. In Italia sono il 10% delle ragazze tra i 15 ed i 20 anni che si sottopongono ad interventi di chirurgia estetica. Del resto è difficile resistere alla pressione dei media che le bombardano con modelli estetici irraggiungibili: top model, miss, attrici dal fisico perfetto. Nel confronto che sono indotte a fare, anche un po' di cellulite può essere fonte di infelicità.

A questa infelicità si aggiunge rabbia: se lei fosse come loro potrebbe avere, come loro, ragazzi, successo, amore.

E poi non si riconosce nel branco al quale vuole appartenere.

E' troppo per la sua struttura psicologica piuttosto fragile.

Scopre, poi, che un chirurgo può aiutarla a superare tutto questo. Unico problema sono i costi: per rifare il naso occorrono circa 3000 euro, per la liposuzione (cosce, fianchi, ginocchia) dai 2500 in su, intorno ai 4000 per il seno.

I complessi sono tipici di questa età e non passano facilmente. In alcuni casi, a volte, sarebbe più prudente aspettare alcuni anni per eventuali interventi. Ma di fronte ad una risposta negativa c'è subito in agguato un'altra insidia: un ricatto. *"Non mangio più".*

Allora sopraggiunge il panico per i genitori e lo spettro dell'anoressia rende insonni le loro notti.

E così cedono al ricatto. Secondo alcuni chirurghi estetici, poiché non sempre un intervento puramente estetico può risolvere i problemi delle loro figlie, i genitori dovrebbero correggere ed equilibrare la loro alimentazione quando sono nella pubertà, prima che sia troppo tardi.

Perché il rischio è di cambiare naso, gambe, zigomi ma di non risolvere lo stesso i problemi che le affliggono.

B. **Vero o falso?**

	V	F

1. L'articolo parla di chirurgia estetica per donne anziane. ☐ ☐

2. Sono il 20% le ragazze italiane tra i 15 e i 20 anni che subiscono interventi estetici. ☐ ☐

3. Per rifarsi il naso ci vogliono circa 3000 euro. ☐ ☐

4. I modelli estetici delle ragazze sono quelli dei mass media. ☐ ☐

C. **Rispondete alle domande.**

1. Di che cosa si parla nel testo?

2. Perché il confronto con i modelli estetici dei mass media crea problemi alle ragazze?

3. Quali sono i costi dei principali interventi di chirurgia estetica?

4. Cosa dovrebbero fare i genitori per prevenire i problemi delle loro figlie?

D. **Esprimete gli inestetismi raffigurati, individuando il nome della parte del corpo e scegliendo la parola appropriata tra le seguenti.**

sporgenti - doppio - aquilino - a sventola

1. ....

2. ....

3. ....

4. ....

Lavorate a piccoli gruppi e confrontatevi.

• Esprimete la vostra opinione sulla responsabilità dei mass media nel creare modelli estetici irraggiungibili.

• Credete che ci sia responsabilità dei genitori?

• Vi sembra giusto sottoporsi a questi interventi dai 15 ai 20 anni? In quale età sarebbe più giusto farli?

E. **Completate le seguenti frasi con la forma verbale del condizionale presente.**

Modello: *Se io fossi avvenente conquisterei molti ragazzi*

1. Se tu fossi più muscoloso, (piacere) .... sicuramente alla mia amica.

2. Se noi fossimo meno grassi, (potere) .... mangiare molti dolci.

3. Se Lucia fosse più matura, (capire) .... i miei problemi.

4. Se i mass media non ci bombardassero con modelli estetici perfetti, molti giovani (soffrire) .... meno.

5. Se i giovani dessero meno importanza all'esteriorità, i chirurghi estetici (avere) ....
meno lavoro.

6. Se non avessi la cellulite, (io - indossare) .... quei pantaloni attillati.

7. Se i nostri ritmi fossero meno stressanti, (noi vivere) .... meglio.

8. Se i nostri giocatori fossero più scattanti, (vincere) .... sicuramente la partita.

F. **Completate le frasi scegliendo le parole giuste tra le seguenti.**

> *Che sballo! - Che angoscia! - Diamine! - Maledizione! - Guai - Caspita! - Evviva! - Coraggio! - Uffa!*

1. .... Come è lungo questo esercizio!

2. .... a te se racconti quello che ti ho detto!

3. .... Sono arrivato primo!

4. .... Mi sto divertendo un sacco a questa festa.

5. .... Specchiarsi e vedere questo naso così lungo e grosso è terribile.

6. .... Che pesce grosso hai pescato!

7. .... Riprendi gli sci e continua a provare!

8. .... La polizia ha circondato l'edificio.

9. .... State proprio esagerando con i vostri sospetti!

G. **Coniugate al condizionale presente o passato i verbi tra parentesi.**

1. (Io - dire) .... di accettare la proposta e voi che cosa ne pensate?

2. (Io - Partire) .... volentieri 2 settimane fa, ma non potevo prendere le ferie in quel periodo.

3. (Essere) .... meglio che tu la vendessi questa vecchia casa.

4. Le (noi - essere) .... grati se potesse ospitarci solo per questa notte.

5. Signora, non si preoccupi, (potere) .... trattarsi di una semplice allergia.

6. Tutti pensavano che la neve (isolare) .... il paese.

7. L'automobile non (finire) .... fuori strada se la nebbia non fosse stata così fitta

8. Sapevo che il regalo ti (piacere) ....

9. (Noi - bere) .... volentieri ancora un po' di vino.

H. **Completate con le lettere mancanti i verbi che si possono riferire alla parola "problema".**

...up...rar...   r...s...lv...r...   a...fr...nt...re

Cre...re

Pre...e...ire   UN PROBLEMA   por...e

    Dis...ut...re   es...ste...e   evit...re

I. **Individuate e segnate con x i valori del condizionale delle frasi seguenti.**

r= richiesta, d= desiderio, i= ipotesi, c= consiglio, a= azione condizionata

	r	d	i	c	a
1. Ci aiuterebbe a cambiare la gomma, per favore?	X				
2. Potrebbe trattarsi di un fungo velenoso.					
3. Dovrebbe ridurre l'uso di alcolici!					
4. Io, al posto vostro, guarderei più programmi d'informazione.					
5. Sarebbero stati gli iscritti a chiedere le dimissioni del segretario del partito.					
6. Faremmo volentieri altre due vasche.					
7. Avremmo vinto, ma all'ultimo minuto hanno segnato su rigore.					
8. Le dispiacerebbe spostare un po' la Sua macchina, per favore?					
9. Questo quadro è stupendo, passerei ore ed ore a guardarlo.					
10. Dovrebbe essere un poliziotto in borghese.					

L. Trovate e cerchiate nel puzzle 6 parole che indicano stati d'animo. Scrivete una frase con ognuna di esse.

R	S	B	I	T	Y	Z	X	A	C	D
A	P	P	R	E	N	S	I	O	N	E
B	A	A	A	R	L	H	K	M	P	O
B	V	N	H	R	G	U	E	W	B	L
I	E	I	S	O	C	Z	I	L	J	M
A	N	C	S	R	T	C	Z	E	N	I
S	T	O	M	E	N	L	H	C	V	I
A	O	R	G	L	I	U	T	M	G	E

M. Indicate i valori di "se" nei seguenti periodi. Segnate (I) quando ha un valore interrogativo e (C) quando ha un valore condizionale.

1. Se (   ) ti capitasse di essere in difficoltà, rivolgiti pure a noi.

2. Fammi sapere al più presto se (   ) verrai a trovarci.

3. Se (   ) tutti prendessimo l'autobus, avremmo meno problemi di inquinamento.

4. È necessario chiedere se (   ) partecipano o no al concorso.

5. Saremo felice se (   ) accetterai il nostro invito.

6. Sai se (   ) valga la pena fare quell'intervento?

7. Se (   ) non mi trovi a casa, chiamami in ufficio.

N. Completate le frasi premettendo il prefisso giusto al verbo "fare" e scegliendolo tra i seguenti.

ri- / stra- / contra- / dis- / s- /sopra

1. Appena arrivata in albergo, dovrò ………… fare la valigia, prima di un bagno rilassante.

2. Ragazzi, non dimenticate di ………… fare il letto prima di uscire.

3. Durante la festa, Paolo ha voluto ………… fare come al solito ed ha rovinato tutto.

4. Per ………… farsi il naso occorrono molti soldi.

5. È caduta poca neve e si è ………… fatta subito.

6. Occorre molto coraggio per ………… ffare il nemico.

7. È necessario ………… ffare la voce per non farsi riconoscere.

Unità 13
Dacia Maraini e i suoi sogni

Pre-lettura

Lavorate a coppie e scambiatevi le seguenti domande.

Hai un sogno ricorrente? Qual è? I desideri più grandi di Dacia Maraini sono: viaggiare, scoprire il mondo, comprare una casa grande con tanto spazio, avere un amore felice. Condividi questi desideri? Cosa aggiungeresti?

Leggete il testo seguente.

Nei suoi libri, Dacia Maraini ha spesso raccontato i suoi sogni notturni; le piace il loro linguaggio simbolico, che defini-
5 sce sotterraneo ed indecifrabile. Non mette in dubbio che significhino qualcosa, ma non condivide l'interpretazione codificata che ne danno Freud e gli altri
10 psicanalisti. Le interessa, invece, raccontandoli e scrivendoli nei suoi libri, entrare in contatto con un mondo governato da un linguaggio che non risponde a
15 nessuna grammatica conosciuta, ritrovarsi in una regione misteriosa ed oscura e per questo poetica. Il suo sogno ricorrente è quello di volare. E se nella
20 realtà lei soffre di vertigini, nei suoi voli notturni non ne ritrova alcuna traccia. Nel sogno vola per fuggire da qualcuno che vuole prenderla, farle del male.
25 Tuttavia la sensazione che le dà il volo è una sensazione piacevole, di liberazione. Plana sulle

città e passa velocemente da un cornicione all'altro. Guardando

30 giù distingue perfettamente passanti ed automobili senza provare alcun malessere. Non le importa sapere qual è il significato che Freud attribuisce al vo-
35 lo anche se non è insensibile ai segnali che invia il suo inconscio. Per esempio, quando ha dei dubbi e non sa come comportarsi, fa sogni tumultuosi
40 che esprimono tutta la sua incertezza. Allora cerca di cogliere il senso della sua apprensio-

ne, e alla fine riesce a fare chiarezza e capisce come deve agi-
45 re. Tra tanti sogni ci sono anche degli incubi che sono legati alla guerra, a quando lei era bambina. Tra i sogni indimenticabili, quello su Pasolini. Il regista era
50 morto da un anno, ma improvvisamente ritornava e diceva ai suoi collaboratori che si sentiva pronto a riprendere il film lasciato incompiuto. I suoi colla-
55 boratori erano imbarazzatissimi e chiedevano aiuto a lei, dicendo: "Spiegagli che è morto e non può più lavorare".

Lei non osava. Pasolini coglieva
60 il suo imbarazzo e rispondeva: "Lo so che sono morto, questa scomparsa mi è costata dieci chili.

Sono dimagrito, ma sono pron-
65 to a riprendere il lavoro".

Così la scrittrice veniva a trovarsi tra due fuochi: da un lato non sapeva cosa replicare alle insistenze degli amici, dall'altro te-

70 meva di offendere Pasolini.
Un'altra volta ha sognato anche lo scrittore e, per un certo tempo, compagno Alberto Moravia, quando lui era già morto. Ma nel sogno non lo sapeva. Si recava da lei e si lamentava che aveva un gran freddo; allora lei andava a cercare delle coperte e delle giacche per riscaldarlo. Il suo inconscio probabilmente voleva ignorare la scomparsa dello scrittore, ma nello stesso tempo cominciava ad avere dei dubbi.

85 La scrittrice è portata a fantasticare moltissimo e crede che questo sia un dovere dello scrittore. Ha un mondo immaginario parallelo molto convul-

90 so con tutti i personaggi dei suoi romanzi che, nei periodi in cui scrive, si affollano e le girano intorno, le dicono delle cose: sono per lei i suoi sogni ad occhi aperti più simili ai suoi libri che non alla vita quotidiana. Parlando dei suoi sogni ad occhi aperti, dice di essere un tipo troppo razionale e se capisce che un desiderio è irrealizzabile, ci rinuncia perché pensa che valga la pena di perseguire soltanto quei desideri che si possano tradurre nella realtà, senza rincorrere assurde chimere. Tra i suoi sogni ad occhi aperti non c'era quello di fare la scrittrice perché per lei quello non era un sogno, ma l'unico

110 approdo possibile: sua nonna faceva la scrittrice e così suo padre. Era il mestiere più familiare. Un suo desiderio è comune a molti: vincere un terno al lotto. Perché ritiene e -chiede perdono per la banalità - che i soldi consentano libertà impagabili: viaggiare, scoprire il mondo, comprare una casa spaziosa.

Un altro desiderio è quello di avere un amore felice.

Parlando delle sue paure, dice che teme moltissimo la malattia. Vive da sola ed è abituata ad essere molto indipendente. Se si ammalasse, invece, dovrebbe dipendere da qualcuno e sarebbe per lei un disastro.

A. **Vero o falso?**

	V	F
1. La scrittrice accetta l'interpretazione freudiana dei sogni.	☐	☐
2. Lei fantastica molto.	☐	☐
3. Non fa brutti sogni.	☐	☐
4. Sogna spesso di volare.	☐	☐
5. Fa sogni molto agitati quando deve prendere una decisione.	☐	☐
6. Suo padre era scrittore.	☐	☐
7. Cerca di realizzare a tutti i costi i suoi desideri.	☐	☐
8. Non teme la malattia.	☐	☐

"Tra i sogni indimenticabili, quello su Pasolini."
Qual è, secondo voi, la caratteristica di questa frase?

B. **Riscrivete le frasi seguenti, mettendo il verbo sottinteso.**

1. A casa tutto bene.

....

2. Un litro di latte, per favore.

....

3. A me una pizza margherita e alla signorina una quattro stagioni.

....

4. Benzina: nuovi aumenti.

....

5. Due rapinatori armati vicino alla cassaforte e uno davanti alla banca.

....

6. Niente sigarette, oggi? Niente sigarette.

....

7. Via dalla mia casa!

....

C. **Collegate le parole della colonna di sinistra con il rispettivo significato che è in quella di destra.**

1. Planare — **a.** scendere con un aereomobile fino a posarsi sul terreno
2. Decollare — **b.** discendere in volo
3. Atterrare — **c.** sollevarsi in volo staccandosi dal suolo
4. Sorvolare — **d.** scendere con un aereo fino a posarsi sull'acqua
5. Ammarare — **e.** volare sopra

D. Tra le seguenti espressioni segnate con una x quelle formali che si possono usare durante una conversazione o all'inizio o alla fine di essa.

1. Mi consenta di dire. ☒

2. Non interrompermi continuamente! ☐

3. Mi perdoni la banalità. ☐

4. Consentitemi di aggiungere. ☐

5. Fammi concludere! ☐

6. Un attimo di attenzione, per cortesia. ☐

7. Vorrei concludere il mio pensiero. ☐

8. Statemi a sentire! ☐

E. Formate i contrari delle seguenti parole, scegliendo tra il prefisso "in" e le sue varianti.

> in-/ ir-/ il-/ im-

Aggettivi	Opposti
realizzabile	irrealizzabile
compiuto	....
dimenticabile	....
decifrabile	....
possibile	....
pagabile	....
dipendente	....
rispettoso	....
popolare	....
spiegabile	....
lecito	....
legale	....
fallibile	....
meritato	....

F. **Completate il testo con gli aggettivi appropriati, scegliendoli tra quelli che voi avete scritto sopra.**

1. Mi dispiace, ma il tuo progetto è ...., perché non abbiamo il denaro necessario.

2. I figli del signor Rossi hanno trovato lavoro; sono ormai .... economicamente.

3. Alcune opere di grandi artisti sono rimaste...

4. La coppia ha passato un'... luna di miele alle Maldive.

5. I giovani di oggi spesso sono .... verso i genitori.

6. Il contrabbando di sigarette è un atto ....

7. Non hai mancato nessun bersaglio: hai una mira ....

8. Il tuo segretario ha dimostrato professionalità e grandi qualità morali. Penso che sia davvero
....

9. La promozione dello studente è .... perché ha studiato poco.

G. **Scrivete i desideri che i contesti vi suggeriscono, usando la forma verbale giusta.**

Modello: La mia squadra non vince lo scudetto da molto tempo.
Vorrei tanto che lo vincesse quest'anno.

1. Paolo ha chiesto a Stefania di mettersi con lui.
Desidererebbe tanto che ....

2. Alla corsa dei cavalli abbiamo scommesso su Argo.
Saremmo felice se questo cavallo ....

3. I genitori di Maria sperano di avere un avvocato in casa.
Gli piacerebbe tanto che Maria ....

4. Ho trovato un cucciolo proprio come lo volevate.
Desidererei che voi lo ....

5. Fareste una crociera di un mese in una lussuosa nave?
Vorremmo tanto .... la!

6. Maria, compreresti quella villa da favola ad un prezzo vantaggiosissimo?
Magari, ...

7. Ragazzi, vorreste migliorare il vostro italiano in poco tempo?
Certo, vorremmo tanto che il nostro italiano ....

H. **Trasformate le frasi dal discorso diretto a quello indiretto.**

1. Nel sogno, Pasolini diceva: "Avvisa i miei collaboratori che io sono pronto a riprendere il lavoro".
   ....
   ....

2. I collaboratori rispondevano: "Spiegagli che è morto e non può più lavorare".
   ....
   ....

3. Pasolini diceva: "Sono pronto a riprendere il film che ho lasciato incompiuto".
   ....
   ....

4. Nel sogno Moravia le diceva: "Va' a cercare delle coperte".
   ....
   ....

5. Moravia diceva: "Ho avuto un gran freddo".
   ....
   ....

6. Dacia Maraini ha detto: "Probabilmente il mio inconscio ha voluto ignorare la sua scomparsa, ma ha cominciato ad avere dubbi".
   ....
   ....

7. Lei aveva detto: "Sogno una cosa con tale realismo che poi faccio fatica a capire che non è accaduto veramente".
   ....
   ....

8. Moravia disse: "Vieni da me e coprimi".
   ....
   ....

9. La scrittrice diceva: "Ho fatto anche sogni indimenticabili".
   ....
   ....

···▶

Cambiamenti nel passaggio dal discorso diretto al discorso indiretto

D. diretto	D. indiretto
io	lui, lei
tu	
lui, lei	
Lei	
noi	loro
voi	
loro	
Loro	

Possessivi

il mio	il suo
il tuo, il suo	
il Suo	
il nostro	il loro
il vostro, il loro	
il Loro	

I tempi e i modi dei verbi
Verbo principale al passato

imperativo	di + infinito
presente (indicativo)	imperfetto (indicativo)
passato prossimo (indicativo)	trapassato prossimo (indicativo)

I. **Scegliete la forma verbale giusta tra quelle scritte tra parentesi.**

1. Improvvisamente, mentre (chiacchieravamo/ abbiamo chiacchierato) all'aperto dei nostri progetti futuri, (è scoppiato/ scoppiava) un temporale.

2. (Desideravo/ ho desiderato), un caffè , per favore.

3. A fine spettacolo, gli attori (hanno fatto/ facevano) un minuto di silenzio per ricordare un collega scomparso.

4. Ogni domenica (andavamo/ siamo andati) allo stadio quando abitavamo a Roma.

5. (Sapevo/ ho saputo) già qualche parola di spagnolo prima di cominciare il corso.

6. Mi dispiace ma non (ho potuto/ potevo) consegnare i documenti, perché sono arrivato in ritardo e l'ufficio era chiuso.

7. Mentre io gli parlavo, il direttore(rispondeva/ ha risposto) al telefono, (prendeva, ha preso) appunti, (annuiva/ ha annuito).

8. Il regista, dopo i ripetuti sbagli dell'attore, (si alzava/ si è alzato), gli (ha mostrato/ mostrava) il movimento ed (ha ripreso/ riprendeva) il copione.

9. Ragazzi, in questo gioco di simulazione facciamo che noi (eravamo/ siamo stati) i ladri e voi (c'inseguivate/ avete inseguito).

L. **Ricercate nel testo le parole che corrispondono alle seguenti definizioni.**

1. Turbamento del senso dell'equilibrio (r. 20) ....

2. Chi collabora (r. 52) ....

3. Stato di disagio, confusione, turbamento (r. 42) ....

4. Insieme dei processi psicologici che avvengono in una persona ad un livello più profondo di quello della coscienza (r. 36) ....

5. Disgrazia, grave danno (r. 129) ....

M. **Coniugate gli infiniti tra parentesi alla forma verbale opportuna.**

1. Ai colloqui con i professori, i genitori di Marco apprendono che va male in tutte le materie.
I genitori di Marco temono che Marco (bocciare) ....

2. I tifosi guardano con preoccupazione il giocatore avversario che tira un rigore.
Loro hanno paura che (lui - segnare) ....

3. Ho schiacciato il pulsante come indicato dalle istruzioni, ma non ha funzionato.
Temo di (sbagliare) ....

4. Silvio avverte un cerchio alla testa e non riesce a stare in piedi.
Io temo che (lui - alzare) .... il gomito.

5. Lo studente guarda il professore con una strana espressione.
Il professore ha paura che lo studente non (capire) .... niente.

6. Le signorine non sono andate a casa di Carla perché era tardi.
Loro temevano di (disturbare) ....

N. **Immaginate e scrivete il seguito del seguente sogno.**

Planavo sulla città passando da un cornicione all'altro; se mi abbassavo per guardare meglio il passante, improvvisamente lui saliva in alto e insieme riprendevamo quota ....

Unità 14
Franco e la signora Lilli

Mia madre gli aveva detto: se te ne vai vengo con te

Il colpo di fulmine a Firenze in un rifugio antiaereo. Poi la vita insieme a Roma. Le lunghe lettere, i riti quotidiani e una rosa tutte le domeniche

di Mariella Regoli

ROMA – "Franco, non mi vorrai mica lasciare qui da sola, vero? Tanto lo sai che se te ne vai, io vengo con te". L'aria smarrita, Silvia Jacovitti, guarda le pareti dello studio del padre e la sua voce si spezza. "Non riesco a capacitarmi che non ci siano più", mormora.

B. Si erano conosciuti a Firenze durante i bombardamenti, "Franco" e la signora Lilli. «Lui era fifone. Era sceso nel rifugio antiaereo e si era nascosto sotto un pianoforte. Fu da lì sotto che vide mamma la prima volta. Passò tutta la notte a contemplarla, diceva lui. A guardarmi le gambe, obiettava mia madre. Ogni giorno papà sperava ci fosse un bombardamento per poterla rivedere.

A. La seguì, scoprì dove abitava. E quando la vedeva uscire dal portone, faceva in fretta il giro del palazzo per incontrarla all'angolo, "per caso", era un timidone. Si fidanzarono quasi subito.

F. Ma erano anche risate per gli scherzi atroci di papà. A volte si sdraiava in mezzo all'ingresso e si fingeva morto, un altro giorno che nonna ormai cieca, gli chiese dove fosse il bagno, le indicò il pianerottolo. E lei con i mutandoni di lana calati, brancolava in cerca del water, in cima alle scale, con lui che si sgangherava dalle risate".

E. Lui andò a parlare con i miei nonni, come si usava allora. Amo Lilli e l'amerò per sempre. Quando nonna gli chiese quale fosse il suo patrimonio, lui rispose: Queste.
E le mostrò le mani.
Non si lasciarono più.
Lui venne a Roma e le scriveva una lettera al giorno.

C. Se ne saltava una, lei si ingelosiva, si arrabbiava e lui correva a Firenze, Scusami, perdonami. E una volta le inviò una lettera lunga dieci metri. Tutti fogli incollati in una lunga striscia scritti sulle due facciate. Era questa la loro vita, il loro amore.

D. La loro giornata, sempre uguale da quarantotto anni. Il primo caffè, la lettura del Messaggero, i commenti, un altro caffè, la passeggiata insieme, tutti i giorni alle 14. Prima no, perché cadesse il mondo, lui guardava Sgarbi in televisione. Non perché gli piacesse, anzi, ci si arrabbiava ogni volta, ci litigava, quasi. Ma anche quello era un rito. Come il fatto che fosse lui a fare la spesa. Trattava mamma come una regina, era la sua principessa, diceva, e le evitava ogni fatica, uscire con il freddo, il pericolo di attraversare la strada. Nei quasi cinquant'anni di matrimonio, non c'è stata domenica che lui non sia uscito per comprare una rosa a mamma. Anche se nevicava, grandinava, o avevano appena litigato e magari per qualche minuto si odiavano".

Da "Il Messaggero", 4 dicembre 1997

A. Riordinate le parti del testo che sono dati sotto alla rinfusa, mettendo dopo il numero la lettera corrispondente.

1/.D...   2/......   3/......   4/......   5/......   6/......

B. Raccontate brevemente la storia dei due protagonisti.

(Come e dove si erano conosciuti/ la proposta di matrimonio/la loro vita matrimoniale).

C. Riscrivete le seguenti frasi mettendo i verbi che sono sottintesi.

1. La loro giornata sempre uguale da quarantotto anni.

....

2. Il primo caffè, la lettura del Messaggero, i commenti, un altro caffè, la passeggiata insieme, tutti i giorni alle 14.

....

D. Completate il testo, scegliendo le parole opportune tra le seguenti.

> fino al momento in cui - una volta - subitamente - quando - da quel momento - tutto il tempo -
> a quei tempi - poco tempo dopo - ogni giorno - successivamente - sovente - tutte le volte

.... (1) Franco, durante un bombardamento, si nascose sotto un pianoforte in un rifugio antiaereo. Da lì vide Lilli e passò .... (2) a contemplarla. .... (3), pur essendo un fifone, sperò che ci fossero .... (4) bombardamenti per poterla rivedere. .... (5) riuscì a scoprire dove abitava e .... (6) la seguiva; .... (7) che incontrava Lilli, però, fingeva di essere lì per caso perché era un gran timidone.

.... (8) Franco la chiese in sposa come si usava .... (9). I futuri suoceri gli domandarono quale fosse il suo patrimonio e lui .... (10) rispose: "Queste", mostrando le sue mani.

Da .... (11) si sposarono .... (12) Franco morì, la loro vita fu piena di amore e di risate per gli scherzi che lui amava fare.

E. Mettete i verbi riportati qui di seguito accanto ai rispettivi significati.

> contemplare - osservare - avvistare - sbirciare - adocchiare - fissare - scrutare

1. Guardare con attenzione= ....

2. Guardare con somma attenzione= ....

3. Guardare a lungo= ....

4. Guardare con ammirazione= ....

5. Guardare con desiderio= ....

6. Scorgere in lontananza= ....

7. Guardare senza farsi notare= ....

F. **Completate le frasi, scegliendo i verbi opportuni tra quelli sopraelencati e coniugandoli alla forma verbale giusta. Qualche verbo va usato più di una volta.**

1. Ieri, guardando le vetrine, …….. …………… un vestitino che vorrei proprio comprare al più presto.

2. Rimarrei ore ed ore a ………………… questa stupenda opera d'arte.

3. Il marinaio sul ponte fu il primo ad………………… l'isola.

4. Se …………..………… bene l'immagine ti accorgerai che è un fotomontaggio.

5. Dopo l'interrogazione, io ……………… nel registro per vedere il voto.

6. L'astronomo ……………… il cielo con un telescopio sofisticato.

7. Per ottenere una totale ipnosi, il medico l' ……… ………… a lungo negli occhi.

8. Se noi ……………… il quadro, notiamo un leggero strabismo della donna.

G. **Riformulate le seguenti frasi, sostituendo "che" e scegliendo la parola giusta tra quelle suggerite. La stessa parola può essere usata più di una volta.**

di cui - a cui - quando - in cui - perché

1. E' un tipo che ci si può fidare.

2. Un giorno che nonna gli chiese dove fosse il bagno.

3. Quello è l'amico che gli hanno rubato il motorino.

4. Ne riparliamo domani che oggi non ho tempo.

5. Ha telefonato che tu eri appena uscito.

6. E' una città che ci fa sempre caldo.

7. Richiamami più tardi! Adesso è un momento che sono impegnata.

H. **Scrivete i verbi corrispondenti alle seguenti parole e ditene il significato.**

Parole	Verbi
Beone	…………………………………………
Brontolone	…………………………………………
Mangione	…………………………………………
Chiacchierone	…………………………………………
Bighellone	…………………………………………
Giocherellone	…………………………………………

I. **Collocate al posto giusto le seguenti espressioni.**

> *colpo di scena - colpo di fulmine - colpo di testa - colpo di telefono - colpo di sole - colpo di fortuna - colpo di Stato - colpo di sonno*

1. Il signor Rossi, quando ha incontrato sua moglie per la prima volta, ha capito subito che era la sua anima gemella e lo stesso è successo alla signora; insomma è stato davvero un ....

2. Il camionista è uscito fuori strada per un ....

3. A causa di un .... sono a letto con la febbre alta.

4. Prima di venire da te, ti do un ....

5. Grazie a un .... , è riuscito a pagare i suoi debiti ed a riprendere i suoi affari.

6. I militari si sono impadroniti del governo con un improvviso ....

7. Durante il film, i continui .... ci hanno tenuto costantemente con il fiato sospeso.

Produzione scritta.
Scrivete degli elaborati (150 - 200 parole) a partire dalle situazioni proposte qui di seguito. Utilizzate i tempi verbali del passato (passato remoto, imperfetto, trapassato ecc...)

Un circo arriva in città. Durante uno spettacolo scappa una tigre.
Alla fine la tigre viene ritrovata sul letto accanto ad un bambino.

Un extraterrestre ti chiede di fare un giro per avere informazioni sulla vita degli uomini.
Alla fine ti ritrovi a cantare con lui la tua canzone preferita.

Inventate e scrivete un breve racconto poliziesco che segua le regole del giallo classico: la scoperta del colpevole si presenta come un problema da risolvere e, nel corso dell'indagine, il detective raccoglie indizi che, solo alla fine, forniranno la soluzione che deve essere razionale.
Ricordate che il colpevole deve essere individuato con una serie di deduzioni, non per caso e che il delitto non deve alla fine rivelarsi un incidente o un suicidio.

Lavorate a coppie e fate il test seguente.

Prudenti, coraggiosi o un po' fifoni?

Pre-lettura

Scambiatevi le seguenti domande.

Pensi di essere coraggioso o fifone?

Spiega perché facendo qualche esempio.

Essere coraggiosi significa soprattutto credere in se stessi. L'importante è comunque non esagerare – correndo rischi inutili. La prudenza, in giusta dose, ci aiuta infatti a non sconfinare nell'incoscienza. Ogni tanto, però, bisogna saper osare, altrimenti si finisce per temere anche la propria ombra. E voi, come pensate di essere? Coraggiosi, prudenti o un po' fifoni? Appuratelo con questo test...

1. Siete in casa da soli. Improvvisamente sentite un rumore. Cosa fate?
a) Niente. Sarà stato un colpo di vento.
b) Afferrate un oggetto qualsiasi e andate a vedere.
c) Vi chiudete a chiave in camera.

2. Tornando a casa trovate l'ascensore al buio. Cosa fate?
a) Lo prendete ugualmente, tanto non sono che pochi piani.
b) Meglio lasciar perdere. Salite a piedi.
c) Cercate qualcosa per fare un po' di luce.

3. Se ve ne offrissero l'opportunità, vi lancereste con il paracadute?
a) Sì, deve essere un'esperienza veramente elettrizzante.
b) Assolutamente no.
c) Forse. La cosa vi attrae ma vi fa paura.

4. Ricevete una telefonata anonima. A cosa pensate?
a) Sicuramente avranno sbagliato numero.
b) Speriamo che non ne seguano altre.
c) È certamente qualcuno che vuole rubare in casa.

5. Vi piace andare al cinema per guardare i film «horror»?
a) Sì, è un genere che vi appassiona molto.
b) Raramente e solo per fare quattro risate.
c) Non li guardate nemmeno in TV, figuriamoci al cinema.

6. Quando eravate piccoli avevate molta paura del temporale?
a) Assolutamente no, anzi vi ha sempre affascinato.
b) Sì, ancora oggi vi mette un po' in ansia.
c) Non più degli altri bambini.

7. Vi piacerebbe partecipare a una seduta spiritica?
a) Neanche per idea.
b) Potreste morire di paura.
c) Sì, potrebbe essere un'esperienza molto interessante.

8. Come reagite se qualcuno vi offende pesantemente?
a) Fate finta di niente, meglio evitare guai.
b) Gli fate rimangiare l'offesa con le buone o con le cattive.
c) Cercate di sistemare la faccenda con calma.

9. Siete in coda ad uno sportello. Una persona vi passa davanti senza rispettare la fila...
a) Riguadagnate prepotentemente il vostro posto.
b) Vi innervosite.
c) Fate finta di niente, tanto non avete fretta.

10. Passeggiando per le vie del centro assistete a uno scippo. Come vi comportate?
a) Meglio far finta di niente.
b) Cercate di intervenire.
c) Telefonate alla polizia.

11. Da piccoli come vi addormentavate?
a) Sempre con un pupazzo tra le braccia.
b) Con la luce accesa.
c) Normalmente al buio e senza orsacchiotti.

12. Fra questi tre personaggi, chi vi è più simpatico?
a) Paperino.
b) Dylan Dog.
c) Rambo.

RISULTATI

Da 24 a 48 punti – Profilo numero 1 – FIFONI
Non siete certo degli intrepidi. Fifoni e timorosi, vi impressionate per niente e spesso pensate che insidie e pericoli siano sempre in agguato. Questo atteggiamento, pessimistico e negativo, non facilita di certo la vostra vita. Cercate di vincere le vostre paure per poter vivere più serenamente.

«Da 49 a 73 punti – Profilo numero 2 – PRUDENTI
«La prudenza non è mai troppa». Ecco il vostro motto! Siete soggetti tranquilli e razionali che amano stare coi piedi per terra e che preferiscono lasciare ad altri il gusto per il mistero e per l'avventura. Certo che un pizzico di coraggio in più non guasterebbe di certo…

Da 74 a 97 punti – Profilo numero 3 – CORAGGIOSI
Il coraggio non vi manca di certo. Orgogliosi e testardi, amate misurarvi con voi stessi e con gli altri. Il pericolo esercita su di voi un certo fascino, al quale non sempre sapete opporvi con la necessaria maturità. Siete comunque perfettamente fiduciosi delle vostre possibilità.

Da 98 a 120 punti – Profilo numero 4 – SPREZZANTI
Siete sprezzanti del pericolo agite sempre con efficacia e sangue freddo anche nelle situazioni più rischiose. Se avete risposto sinceramente, significa che possedete un coraggio veramente considerevole che non esitate a sfoderare nel momento del bisogno.

PUNTEGGI

	A	B	C
DOMANDA n° 1	10	5	2
DOMANDA n° 2	10	5	2
DOMANDA n° 3	10	2	5
DOMANDA n° 4	10	5	2
DOMANDA n° 5	10	5	2
DOMANDA n° 6	10	2	5
DOMANDA n° 7	2	5	10
DOMANDA n° 8	2	10	5
DOMANDA n° 9	10	5	2
DOMANDA n° 10	2	10	5
DOMANDA n° 11	5	2	10
DOMANDA n° 12	2	10	5

A. **Completate gli aggettivi con le lettere mancanti.**

Tim ... r ... so	pru ... ... n ... e	Cor ... gg ... ... so	int ... ... p ... do
Fi ... one	ca ... to	av... ... ... turoso	au ... a ... e
Pa ... ido	Pa ... roso		

B. **Completate liberamente i periodi seguenti, usando la forma verbale giusta.**

Se partecipassi ad una seduta spiritica, ...

Se io mi lanciassi con il paracadute, ...

Se qualcuno mi offende, ...

Se uno sconosciuto mi inseguisse, ...

Se mi trovassi in banca durante una rapina, ...

Se qualcuno, sbagliando numero,mi telefona più volte, ...

Se il vicino di casa fa rumore e non mi permette di dormire la notte, ...

Se mi arrivassero lettere anonime con minacce di morte, ...

Se, davanti al portone di casa mi accorgo di aver perso le chiavi, ...

C. **Dite il significato delle seguenti parole in "-one"**

1. Timidone   (timido)

2. Ghiottone   (ghiotto)

3. Credulone   (credulo)

4. Facilone   (facile)

5. Fifone   (fifa)

6. Buontempone   (buontempo)

7. Bambinone   (bambino)

D. Tra i prefissi indicati sotto, scegliete quello giusto per formare i diversi composti di "mettere" nelle seguenti frasi.

> e-/ intro-/ com-/ di-/ tras-/ am-/ pre-/ ri-/ per-/ im-/

1. Devo ....mettere di aver imparato molto da questa esperienza.

2. Prima di iniziare il dibattito, devo ....mettere le regole da rispettare

3. Occorre ....mettere in gara alcuni esclusi.

4. Il direttore deve ....mettere ai suoi dipendenti di scegliersi il periodo di ferie desiderato.

5. Non dobbiamo ....mettere immagini violente in televisione.

6. Il medico ha ritenuto opportuno ....mettere il paziente.

7. Per non ....mettere altri errori, abbiamo svolto solo una parte del test.

8. È necessario ....mettere nel computer tutti i dati che abbiamo.

9. Il giudice non ha potuto ancora ....mettere la sentenza.

10. Il figlio non ha permesso alla madre di ....mettersi nei suoi problemi familiari.

Unità 15
Il concerto del Primo Maggio

📃 Pre-lettura

Scambiatevi a turno le seguenti domande e poi riferite alla classe

• Avete mai assistito a concerti in piazza?

• Quali vi sono piaciuti di più e perché?

• C'era la televisione?

Leggete attentamente il testo seguente.

Il 1° maggio, in occasione della festa del lavoro, in molte piazze di importanti città italiane si tengono dei concerti in cui si esibiscono cantanti famosi ed a cui partecipano molte persone di tutte le età. Jovanotti, nel suo libro "*Il grande boh*", racconta in modo scanzonato tra le varie esperienze anche quella del suo Primo Maggio da protagonista, impegnato a cantare in piazza per un quarto d'ora

5 insieme con la sua band. Il concerto del Primo Maggio, in passato, lui l'aveva sempre visto solo in televisione ed era la prima volta che vi prendeva parte da protagonista. Dietro il palco c'era un grande casino: migliaia di imbucati, giornalisti televisivi che facevano domande frettolose su argomenti giganteschi, sindacalisti, discografici in tiro, cantanti innervositi e gruppi stranieri che sembravano divertirsi davanti a quella folcloristica confusione tipicamente mediterranea. Tutto questo lo porta a

10 dire che l'organizzazione lasciava un po' a desiderare, per cui il cantante è arrivato sul palco deconcentrato. Spesso si verificano anche problemi tecnici dovuti alla fretta ed alla situazione incasinata. Subito dopo aver cantato, Jovanotti è ripartito senza rendersi conto se il concerto aveva soddisfatto davvero tutti quei ragazzi che avevano fatto centinaia di chilometri per essere in quella piazza sotto la pioggia. Probabilmente, secondo il cantante, la colpa di tanta confusione era dovuta alla

15 presenza della televisione. *"La televisione rende tutti esagitati; quando c'è di mezzo la tivù tutto si complica: appaiono gli imbucati e i ragazzi che sono in piazza passano in secondo piano, diventano dei figuranti tra l'altro non pagati".* Jovanotti pensa che la televisione sia davvero invadente e arrogante e che tutto ruoti intorno a lei. Invece per lui è fondamentale un po' di concentrazione prima di esibirsi davanti a tanta gente. Occorre caricarsi, concentrarsi, raccogliere le forze, pensare che è una cosa

20 importante e non bisogna farla con leggerezza.

◣ Scrivete una sintesi del testo con l'aiuto delle seguenti indicazioni.

Descrizione del concerto del primo maggio
Opinione di Jovanotti sulla televisione
Stato d'animo necessario per il cantante prima di un qualsiasi concerto

A. Ricercate nel testo le espressioni che corrispondono ai seguenti significati.

1. C'era una grande confusione (r. 7) ....

2. Intrusi, non invitati (r. 7) ....

3. Vestiti bene (r. 8) ....

4. Arrabbiati e con reazioni emotive esagerate (r. 8) ....

5. Raccogliere in se stesso energie prima di una prova (r. 19) ....

Leggete il testo seguente.

Per il giornalista Giorgio Bocca, la televisione è il regno della falsità. Ritiene che in televisione non ci sia nulla di reale ma che tutto sia virtuale, artefatto, fabbricato. In televisione tutto diventa spettacolo e lui si è accorto di persona di quanto la tv possa manipolare la realtà. Una volta faceva una trasmissione su una rete privata ed intervistò un politico famoso all'apice del suo potere. Credeva di aver fatto l'intervista da pari a pari, invece, quando la rivide, scoprì che lui era sempre ripreso di nuca, con il politico in posizione trionfante, e che le sue domande si sentivano appena. Insomma la sua intervista era stata un'intervista in ginocchio. Anche ai talk show ormai non partecipa più perché *"dopo che hai detto venti parole arriva il conduttore - domatore che ti zittisce e ti fa fare la figura del cretino"*. Ritiene, dunque, che la televisione non sappia che farsene di quelli che pensano e cercano di comunicarlo parlando: essa, invece, privilegia l'emotività e trascura il ragionamento. Insomma, quello che conta è mantenere un ritmo incalzante, per battere il grande nemico che è la noia: la cultura, invece, è fatica, attenzione.

Scrivete gli aspetti negativi della televisione, secondo il giornalista.

Contro ....
....

Confrontatevi e trovate possibili aspetti positivi della televisione.

A favore ....
....

B. Trovate gli infiniti corrispondenti ai seguenti participi presenti.

Trionfante ....

Incalzante...

Alienante...

Coinvolgente...

Agghiacciante...

Deprimente...

C. **Completate le frasi seguenti, scegliendo l'aggettivo giusto tra quelli sopraelencati.**

1. Il campione è salito... sul podio per ritirare la medaglia.
2. La vista .... dell'omicidio ha creato panico tra la popolazione.
3. Era un lavoro .... a cui abbiamo rinunciato presto.
4. Lo spettacolo è stato .... ed ha suscitato lunghi e fragorosi applausi da parte del pubblico.
5. Il pericolo .... del nemico spinse l'esercito a ritirarsi.
6. Che situazione...! Speriamo di venirne fuori al più presto.

D. **Scrivete in parentesi il significato dei participi presenti, come nell'esempio.**

Es.: Il suo vestito è di uno strano grigio *tendente* (*che tende*) al verde.

1. Nel porto c'era una nave battente (..) bandiera italiana.
2. Come mai hanno tolto il segnale indicante (..) i lavori in corso?
3. Il treno proveniente (..................................) da Bari viaggia con mezz'ora di ritardo.
4. L'affresco raffigurante (..................................) la Primavera è in restauro.
5. Gli studenti potranno richiedere il certificato attestante (.........................) la loro frequenza al corso.
6. Le conseguenze derivanti (...................................) dalla difficile situazione sono chiare a tutti.
7. Ho visto un cane somigliante (...................................) al tuo.
8. Non perdere di vista questa busta contenente (...................................) documenti molto importanti.
9. Il signor Rossi, abitante (...................................) in viale Mazzini a Roma, ha smarrito la sua carta d'identità.

E. **Completate le frasi con i pronomi opportuni e dopo cambiate la posizione delle parole come nel modello.**

Es.: *Le bollette... ho pagate io.*
Le bollette le ho pagate io.
Le ho pagate io, le bollette.

1. Il concerto .... replichiamo il mese prossimo.
2. Le lettere .... abbiamo spedite noi.
3. Gli inviti .... ha scritti Paolo.
4. Il dolce .... preparo io.
5. L'accaduto .... raccontiamo noi.
6. La racchetta nuova di Matteo .... ho dimenticata io.
7. Gli imbucati .... mandiamo via presto.
8. Di tramezzini .... divoriamo molti.
9. I discografici .... ha salutati.
10. Lo spettacolo .... hanno organizzato un po' maluccio.

F. **Cancellate dai gruppi delle seguenti parole quella diversa per funzione, cioè che non serve per spiegare.**

| in parole povere | cioè | inoltre | in altre parole | in seguito |
| ~~pure~~ | viceversa | vale a dire | neppure | per meglio dire |

G. **Trovate gli aggettivi, incontrati nei testi dell'unità, che si riferiscono alle seguenti definizioni e scriveteli nelle caselle.**

1. Che ha fretta.

2. Vuol dire molto grande e fa riferimento alla parola "gigante".

3. Si dice di ciò che riferiamo alle tradizioni popolari o alle loro manifestazioni.

4. Si dice di ciò che potrebbe avere, ma non ha manifestazione o realizzazione.

5. Che non è genuino. È sinonimo di falso, innaturale.

H. **Scrivete un elaborato su un concerto che vi è piaciuto.**

(Con chi ci siete andati/e? Dove era? Quanto è durato? È stato facile o difficile procurarsi il biglietto? Chi suonava o cantava? Qual è stato il momento più bello?...)

Unità 16
Una brutta storia di droga

🗐 Pre-lettura

Lavorate a coppie e scambiatevi le domande seguenti.

• Secondo voi, come può un genitore accorgersi che
  il figlio fa uso di droga?
• Come si comporta un tossicodipendente con i
  genitori?

Leggete il testo seguente.

Nel '93, quando aveva 19 anni, sua madre si è accorta
che dimenticava le parole, che si esprimeva in modo
confuso. Nella testa aveva chiari i concetti ma non
riusciva più ad esprimerli. Poi ha smesso di confidarsi, di
5 dialogare con sua madre. A scuola era sempre stato
bravissimo, ma quell'anno, alla maturità, ha fatto un
tema di dieci righe. Sono partiti per la montagna e lì la
mamma l'ha perso del tutto: di notte andava in
discoteca, di giorno dormiva. Aveva gli occhi strani, con
10 le pupille dilatate. Gli chiedeva: "Ti droghi?" Lui si
arrabbiava moltissimo, faceva scenate, sbatteva la porta
e si chiudeva in camera sua. A settembre si sono trasferiti
a Venezia, dove lui, come ogni anno, ha lavorato per la
mostra del cinema. Il suo superiore ha detto alla madre:
15 "Ma che succede, sto ragazzo dà i numeri, non ne fa una
di giusta". Allora hanno cominciato a pensare che avesse
una malattia mentale. Era sempre stato molto legato
alla madre, adesso improvvisamente non le parlava più,
la sfuggiva. Lei voleva portarlo da uno psichiatra ma lui
20 è scappato. Ha voluto trasferirsi da suo padre che vive a
Roma. Era sempre più difficile parlargli. Quando, a
dicembre, è andato con la madre a Bolzano, lei si è
spaventata: era dimagrito di 15 chili. Il secondo marito
della signora, che è medico, temeva che avesse un
25 tumore al cervello. Hanno fatto tutti gli esami, ma non

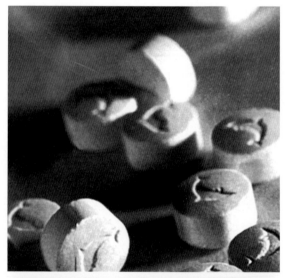

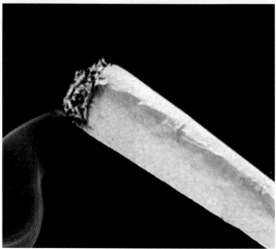

risultava niente di patologico. Siccome peggiorava sempre più, la madre ha messo da parte il suo lavoro e si è rivolta ai migliori psichiatri. C'è stato chi ha diagnosticato crisi di panico, di fobia, chi depressione, chi psicosi, chi crisi adolescenziale… E nessuno, mai nessuno che ipotizzasse un problema di droga. Mai nessuno che gli ordinasse un esame delle urine, un semplice esame delle urine. Del resto non era facile accorgersi che faceva uso di droghe perché l'ecstasy è una droga pulita e non serve mica bucarsi. Le sembrava terribilmente depresso. Non mangiava più a tavola, apriva il frigo quando capitava e buttava giù qualcosa. Una volta ha picchiato la madre per strada. Un'altra volta, l'ha schiaffeggiata al ristorante. Poi è successo qualcosa di terribile: il suo primo tentativo di suicidio. Si è tagliato le vene con una lametta. L'hanno trovato in un lago di sangue. All'ospedale gridava: *"Voglio morire"*. L'hanno tenuto nel reparto psichiatrico con i matti veri. Gli davano anti-depressivi. Dopo un mese, sono andati in una rinomata clinica di Roma. Il professore che l'ha visitato ha detto che non aveva nessuna malattia e gli ha ordinato di fare ogni tre giorni l'esame delle urine. Allora il ragazzo ha aggredito la madre, ha urlato che l'avrebbe ammazzata. Il risultato dell'esame delle urine ha aperto gli occhi a tutti: era imbottito di droga. A quel punto la madre era talmente stanca che non aveva neppure più la forza di arrabbiarsi. Lui le ha detto: *"Madre, coraggio, forse solo tu mi puoi salvare"*. Non era ancora abbastanza. È fuggito a Londra e lei l'ha seguito. Faceva il cameriere e, in pochi mesi, ha perso cinque lavori. Abitava in un fetido buco, guadagnava 10 sterline al giorno e ne spendeva 7 per la droga. È tornato in Italia e l'hanno trovato che sproloquiava in chiesa, come un matto.

La famiglia non gli dava più soldi, tanto li avrebbe spesi per le pasticche. Infine, l'ultimo dramma. Erano tutti a tavola, in una casa di campagna. Hanno sentito arrivare un rumore che proveniva dalla legnaia. Sono andati a vedere: aveva messo la testa sopra una sega elettrica. L'hanno salvato, anche se non avrà mai più la sua voce. E, comunque, finalmente ha raccontato tutto: aveva cominciato l'anno della maturità. Alla stazione comprava per sé e per i compagni le pastiglie da portare al collegio dei preti dove studiava. Prendeva ecstasy, hashish, Lsd: tutto fuorché l'eroina. Nonostante tutto, sua madre si ritiene una donna fortunata perché suo figlio è ancora vivo. Ha smesso di prendere droghe, ma parla ancora in modo confuso, non ha amici, non ha una ragazza. Va in bicicletta sui colli e questo è davvero moltissimo. Sta tentando di rimettersi a studiare pian piano; cerca di ricominciare a vivere.

Da "Icaro", giornalino scolastico, ottobre 2000

Lavorate a coppie e confrontatevi su ciò che avete capito.

A. **Vero o falso?**

	V	F
1. Il ragazzo ha confessato subito di fare uso di droga.	☐	☐
2. Lui ha tentato di suicidarsi due volte.	☐	☐
3. Il ragazzo è stato ricoverato anche in un ospedale psichiatrico.	☐	☐
4. Il ragazzo prendeva ogni tipo di droga.	☐	☐
5. A Londra spendeva quasi tutti i soldi che guadagnava per comprare la droga.	☐	☐
6. Adesso il ragazzo è completamente guarito.	☐	☐

Un compagno corregge l'esercizio dell'altro.

B. Riordinate le parti del testo qui riportate, mettendo dopo il numero la lettera corrispondente.

a. ora ha smesso di prendere droghe e ricomincia a vivere.

b. ed è stato ricoverato in un ospedale psichiatrico.

c. È fuggito a Londra dove ha continuato a drogarsi.

d. parlare in modo confuso.

e. Si è tagliato le vene con la lametta

f. Ha provato a suicidarsi, mettendo la testa sopra una sega elettrica,

g. Aveva 19 anni quando ha cominciato a

h. Si è deciso a raccontare tutto ed

i. ma i parenti sono arrivati in tempo, anche se non avrà mai più la sua voce.

l. Stava sempre peggio; un professore ha ordinato di fare delle

m. analisi da cui è risultato che era imbottito di droga.

1/.........   2/.........   3/.........   4/.........   5/.........   6/.........

7/.........   8/.........   9/.........   10/.........   11/.........

C. Completate il testo, scegliendo le parole appropriate tra quelle indicate nel riquadro.

> si esprimeva - dialogava - avesse - ci rendemmo conto - arrabbiarmi - fuggì - tutto - tentativo - cerca - fetido - età - cominciò - tumore - risultò - continuamente - rivolsi - fu - imbottito

All'........... (1) di 19 anni, mio figlio .... (2) a comportarsi in modo strano: ....(3) in modo confuso, non .... (4) più con me.

All'inizio pensavamo che .... (5) una malattia mentale o addirittura un .... (6) al cervello; ma dalle analisi non .... (7) niente di tutto questo.

Col passare del tempo, però, dimagriva .... (8) e stava sempre peggio. Mi .... (9), allora, ai migliori psichiatri senza alcun risultato.

Dopo il suo primo tentativo di suicidio, ... (10) anche ricoverato in un reparto psichiatrico.

Quando noi .... (11) che era .... (12) di droga, non avevo neanche più la forza di .... (13).

Successivamente .... (14) a Londra dove visse in un .... (15) buco e spendeva per la droga .... (16) quello che guadagnava.

Dopo il secondo .... (17) di suicidio, ci raccontò tutto.

Fortunatamente ora ha smesso di drogarsi e .... (18) di ricominciare a vivere.

D. **Riformulate con parole vostre la seguente frase.**

"Sto ragazzo dà i numeri e non ne fa una giusta".

E. **Scrivete in parentesi il significato degli aggettivi sottolineati, tenendo presente che cambia in base alla posizione.**

1. Sarebbe bastato un <u>semplice</u> esame delle urine (   ).
2. Domani sosterrò un esame <u>semplice</u> (   ).
3. Alla stazione ho incontrato un uomo <u>gentile</u> che mi ha aiutato a portare le valigie (   ).
4. Non ho dubbi che mantenga la sua parola perché è un <u>gentil</u> uomo (   ).
5. Sono rimasta colpita da un <u>curioso</u> uomo che ho incontrato in vacanza. (   ).
6. È un tipo <u>curioso</u> che ama farsi i fatti degli altri (   ).
7. Il giornalista ha affermato che è una notizia <u>certa</u> (   ).
8. Mi ha telefonato la mamma e mi ha dato <u>certe</u> notizie sui parenti (   ).
9. È morto travolto dall'alluvione un uomo <u>povero</u> che dormiva sotto il ponte (   ).
10. Parlandoci, ho capito che è un <u>pover</u>'uomo che ha dovuto affrontare molte difficoltà (   ).
11. Mi è rimasto quest' <u>unico</u> quadro da vendere (   ).
12. Ammira questo quadro! È davvero <u>unico</u> (   ).
13. Dopo il terremoto <u>numerose</u> famiglie sono rimaste senza casa. (   ).
14. Prima in Italia nascevano più bambini e le famiglie erano <u>numerose</u> (   ).

F. **Scrivete una sintesi del testo introduttivo, utilizzando le seguenti parole.**

> quando - all'inizio - di giorno in giorno - tutte le volte - allora - un giorno - immediatamente - successivamente - poco tempo dopo - finalmente - adesso

....
....
....
....
....
....
....
....
....
....
....
....
....

..▶ **Carta d'identità**
Assomiglia a un'aspirina, piccola, tonda, amara e senza odore, facile da ingoiare e da nascondere.

Come si chiama in gergo
I nomi dell'ecstasy sono una novantina. E spesso anche le forme cambiano per rendere la pillola più simpatica. Ci sono le Popeye con il ritratto di Braccio di Ferro, le Love con disegnato un cuore, le Playboy con il coniglietto in smoking e così via. Ma appena l'ecstasy diventa familiare, si trasforma nella "cala", la "chicca", la "giuggiola", la "caramella" e così via.

F. **Lavorate a coppie e confrontatevi sui seguenti argomenti.**

1. Conoscete qualche brutta storia di droga?
2. Quali tipi di droga sono diffusi nel vostro Paese?

G. **Completate le frasi con la forma verbale opportuna.**

1. Ci hanno detto che Luigi (lasciare) ……….. ……….. la camera qualche ora prima del nostro arrivo.
2. L'allenatore ci disse che gli allenamenti dei giorni seguenti (essere) ……….. ……….. duri.
3. Il direttore ha assunto un signore che (mandare) ………. ……….. il suo curriculum il giorno prima.
4. Il ragazzo minacciò che, se l'avesse portato in ospedale, lui la (ammazzare) ………. ……………
5. Carlo ripete che (rimanere)……………….. scapolo.
6. Siamo andati a ritirare i mobili che (ordinare)…….. …………….. un mese prima.
7. Tu (assistere) non …….. mai……….. ad uno spettacolo come quello che ……….. appena (noi vedere)………………..?
8. Non ho salutato il ragazzo che era con te, perché non lo (conoscere) ……………….. .
9. Ti ricordi quando (conoscerci) ….. ……… ……………..: era una splendida giornata primaverile in cui le rondini (cominciare)……….. ad arrivare ed i ciliegi (mostrare) …………… già i loro rami fioriti.

H. **Lavorate a coppie e date un significato alle seguenti espressioni che si riferiscono alla parola "cervello".**

a. Un uomo di gran cervello
b. Non avere il cervello a posto
c. Avere un cervello di gallina
d. Lambiccarsi il cervello
e. È il cervello di tutta l'azienda
f. Ti sei bevuto il cervello
g. Ti ha dato di volta il cervello

I. **Completate con i pronomi opportuni.**

1. Sono andati dalla polizia e ..... hanno raccontato l'accaduto.

2. Abbiamo incontrato i nostri amici e .... abbiamo offerto un caffè in un bar del centro.

3. Michela è diventata un'attrice; è stato un puro caso perché questa idea non .... è mai neanche passata per la mente.

4. Signor Rossi, se vuole seguir...... , ... mostro la Sua stanza.

5. Signorina, ... lascerò andare solo dopo che avrà risposto ad alcune domande.

6. Paolo, sicuramente, ... daranno la colpa di quello che è successo.

7. Professore, ... assicuro di aver fatto da solo i compiti.

8. Quando ospiterai i tuoi amici? ...... ospiterai quest' anno o il prossimo?

9. Consentiresti ai tuoi figli di partecipare a questi giochi così pericolosi? No, non .... consentirei.

10. Quell'attore è tanto bravo ma non ..... hanno mai assegnato un Oscar.

L. **Completate con le lettere mancanti i verbi che possiamo riferire alla parola *"droga"*.**

... sa ... e

t ... a ... fi ... a ... e   **DROGA**   p ... e ... de ... e

In ... e ... t ... r ... i   s ... a ... ci ... re   ve ... d ... re

A. Mettete in ordine le parti del testo che sono date sotto alla rinfusa.

A. Invece, quando è diventata pura scommessa ha perduto il suo fascino. Comprare la schedina già compilata, il sistema fatto dal computer, rispetto a quella fatta con cura mescolando competenza e sorte, è come consumare un cibo surgelato rispetto a quello fresco. Superenalotto e Totogol sono lo specchio dei tempi che viviamo, frettolosi, meccanici, precotti e soprattutto televisivi.

B. Quando ero ragazzino, mia zia mi usava come corriere per le sue giocate dietro una piccola ricompensa, che veniva aumentata in caso di vincita. La zia era un'appassionata giocatrice del lotto. Non giocava mai a caso, sceglieva i numeri in base a sogni o eventi.

C. Giocare la schedina era un rito e perfino un piccolo evento sociale: con gli altri giocatori si discuteva appassionatamente. Allora, il Totocalcio non era soltanto una scommessa, ma era un gioco intelligente e a suo modo raffinato.

D. Ma, ricompensa a parte, mi affascinava il botteghino del Lotto, che era sotto casa ed era gestito da due signorine piuttosto anziane che compilavano le schede intingendo il pennino nella boccettina dell'inchiostro nero e scrivendo numeri che sembravano disegni.

E. Dove c'è sempre meno tempo per pensare, ma anche per giocare. Dove mia zia, se fosse ancora viva, sarebbe molto spaesata, imprecherebbe in dialetto e avrebbe sicuramente smesso di giocare. Il despota televisivo ha stravolto il campionato e le nostre abitudini, e anche le piccole ritualità di una volta.

1/......   2/......   3/......   4/......   5/......

...../5

B. Completate con le seguenti parole.

per questo motivo - dunque - alla fine - a causa - però - anzi - dopo che - invece - anche se - cioè

1. E' quasi primavera, ... fa ancora molto freddo.

2. Ho atteso un'ora l'autobus e .... me ne sono andato.

3. Hai studiato e ti senti preparato, ... fatti interrogare.

4. .... ho preparato l'impasto del dolce, lo metto nel forno.

5. Il ristorante "Gaia" è carissimo e............. non ci va mai nessuno.

6. Ho portato la macchina dal meccanico .... sarei dovuta andare dall'elettrauto.

7. .... soffro di vertigini, nei miei voli notturni dei sogni non ne ritrovo alcuna traccia.

8. Cerco di cogliere il senso della mia apprensione; cerco, ... di fare chiarezza.

9. Non è vero che il mio professore non mi piace, ... lo stimo molto.

10. .... della nebbia sempre più fitta, la visibilità era di pochi metri.

...../10

C. Scrivete almeno dieci aggettivi da riferire alla parola *"vestito"* e dieci da riferire alla parola *"sogno"*.

....
....
....
....
....
....
....
....
....
....

...../20

D. Correggete gli errori sottolineati nelle frasi seguenti.

1. Se vuoi diventare una brava modella, <u>faresti</u> dei sacrifici.

2. Se tu fossi più attento in classe, <u>riporterai</u> voti migliori.

3. Se la ragazza avesse talento, <u>farà</u> strada.

4. Se c'è la segreteria telefonica, <u>lasceresti</u> un messaggio.

5. Se loro potessero esprimere un desiderio, <u>sceglieremmo</u> soprattutto la salute.

6. Noi <u>fareste</u> volentieri una crociera, se non costasse così tanto.

7. Se decidi di fare l'autostop, <u>sarai</u> prudente.

8. Se i sogni sono irrealizzabili, la scrittrice <u>ci rinuncerebbe</u>.

9. Se la vedesse uscire, <u>farà</u> il giro del palazzo per incontrarla e fingere di essere lì per caso.

10. Se non le scrive una lettera al giorno, la sua ragazza <u>si ingelosiva</u> e <u>si arrabbiava</u>.

......./10

E. **Coniugate gli infiniti tra parentesi al tempo e modo opportuno.**

L'ANNO DEL TEMPO MATTO.

Tutto cominciò con una profezia del vecchio del paese e a Sompazzo si scatenarono avvenimenti assolutamente straordinari. Il paese rischiava di essere sepolto dalla neve, ma per fortuna un infallibile meccanico riparò il guasto e tutto ritornò normale.

(…) Ettore il fornaio ogni mattina (passare) ……….… (1) e (buttare) …………. (2) il pane giù per i camini. Per scambiarci informazioni, (noi farsi) …………… (3) i segnali di fumo e la sera ci (raccontare) ……………… (4) le barzellette di fumo.

Il più bravo a raccontarle (essere) …………… (5) il fuochista. Noi umani non (passarsela) …………. ………… (6) male.

(Noi avere) ……………. (7) il pane e il formaggio di Sompazzo, tremila calorie la fetta. Ma per gli animali (essere) ………………… (8) dura.

Gli uccelli(dimagrire) ……………………. (9), e anche le volpi, le donnole (passare) ……………… (10) dalla serratura. Intanto la neve (continuare)…………… (11) a cadere e molti paesi (essere) …………… ………… (12) isolati. A fine anno, la neve (essere) …………… (13) alta sette metri e il fornaio (finire) …… ………… (14) la farina. (Noi essere) ………………… (15) allo stremo delle forze, quando nonno Celso (sentenziare) …………….. (16) che l'unico che (potere) ……………… (17) salvarci era Ufizeina (parola dal dialetto bolognese che significa "officina")

Ufizeina (essere) …………….(18) un meccanico che (sapere) ………………… (19) riparare tutto.

(Lui studiare) ……………….(20) la situazione, (prendere) ……………… (21) un cric, due pezzi di copertone, del mastice e una pompa e (sparire)………………… (22) all'orizzonte.

Alla sera (essere) ……………… (23) già di ritorno. (Lui spiegare) …………………(24) che il problema (essere) ……………… (25) semplice: il sole, (venire)…………………(26) all'alba da Monte Macco, (impigliarsi)….. …. ………………………… (27) in un albero scheggiato dal fulmine, e (forarsi) ………………… (28).

Infatti, (stare) ………………… (29) di là, sull'altro versante, sgonfio da far pena. Ufizeina lo (vulcanizzare) …… …………………………. (30) e poi (attaccare) ………………… (31) la pompa. Entro poco tempo (gonfiarsi) … …………… ………………(32) e (riprendere)………………… (33) a salire. Infatti, poco alla volta ecco il sole, dapprima fioco, poi sempre più rotondo e splendente, salire su da Monte Macco e riscaldare tutto. La neve (sciogliersi) ……………… (34) e ogni cosa (tornare)………………… (35) normale.

(Adattato da S. Benni, *Il bar sotto il mare*, Feltrinelli, Milano 1991)

……/35

F. **Completate con gli avverbi opportuni, scegliendoli tra i seguenti.**

> rigorosamente - totalmente - ugualmente - fondamentalmente - normalmente - accuratamente - evidentemente - attualmente - professionalmente - apparentemente - esattamente - attentamente

1. Per scegliere i loro stili di abbigliamento, i giovani si ispirano .... a personaggi della televisione, dello sport, della musica.
2. Per la festa da ballo di questa sera è richiesto .... l'abito scuro.
3. Se hai sbagliato il luogo dell'appuntamento, ... non mi hai ascoltato .... quando te l'ho detto.
4. .... sembra un tipo timido, ma se lo conosci meglio vedrai che non lo è affatto.
5. I risultati dell'esperimento sono stati studiati .... prima di essere pubblicati.
6. .... i giovani spendono molto per le scarpe, ma una volta non era così.
7. Pensiamo .... che la pelliccia sia sinonimo di ricchezza.
8. Anche se sono a dieta, assaggerò .... il tuo dolce.
9. I neolaureati cercano un lavoro che li faccia crescere ....
10. Il mio amico non è .... responsabile di quello che è successo.
11. Hai capito .... quello che volevo dire.

...../12

G. **Sostituite l'aggettivo presente nelle frasi con un suo opposto, come nell'esempio.**

*Esempio: Questo vino non è forte. Questo vino è **leggero**.*

1. Questo abito <u>non è leggero</u>.
2. Il modello di quel vestito <u>non è originale</u>.
3. I miei sogni <u>non erano tranquilli</u>.
4. La situazione <u>non è vantaggiosa</u>.
5. L'affitto del tuo appartamento <u>non è alto</u>.
6. Questo conto <u>non è esatto</u>.
7. Il nostro telefono <u>non è fisso</u>.
8. Per il nostro matrimonio vogliamo una cerimonia <u>non sobria</u>.

...../8

TOTALE ..../100

Unità 17
Neolaureati dinamici ma già "vecchi"

🗐 Pre-lettura

Date una vostra prima spiegazione al titolo dell'unità prima di leggere il testo.
Guardate i grafici e rispondete alle seguenti domande.

1. In quali settori preferiscono lavorare i neolaureati?
2. E' importante, per loro, che il futuro lavoro sia ben retribuito?
Leggete il testo seguente.

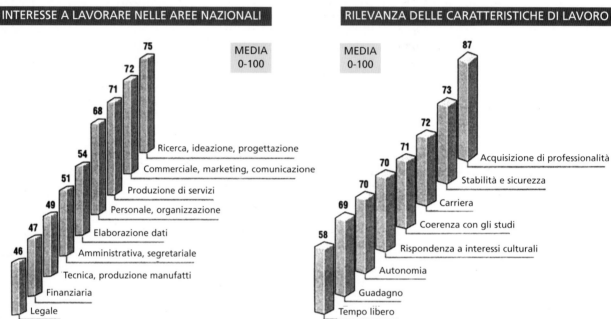

INTERESSE A LAVORARE NELLE AREE NAZIONALI

MEDIA 0-100

75 — Ricerca, ideazione, progettazione
72 — Commerciale, marketing, comunicazione
71 — Produzione di servizi
68 — Personale, organizzazione
54 — Elaborazione dati
51 — Amministrativa, segretariale
49 — Tecnica, produzione manufatti
47 — Finanziaria
46 — Legale

RILEVANZA DELLE CARATTERISTICHE DI LAVORO

MEDIA 0-100

87 — Acquisizione di professionalità
73 — Stabilità e sicurezza
72 — Carriera
71 — Coerenza con gli studi
70 — Rispondenza a interessi culturali
70 — Autonomia
69 — Guadagno
58 — Tempo libero

La laurea arriva solo a 27 anni

di Santonocito

MILANO – In Italia l'età media di chi si laurea è di 27 anni e solo 18 giovani su 100 terminano gli studi prima dei 25. Lo rivela l'ultimo rapporto della banca dati Almalaurea sul profilo dei 44mila laureati che nel 1999 hanno concluso il loro percorso universitario in 18 atenei dal Nord ad Sud. Secondo i responsabili di Almalaurea, un'età di uscita dagli studi così elevata è l'handicap che penalizza di più i laureati italiani
5 nel confronto con i coetanei degli altri Paesi europei che si affacciano prima sul mercato del lavoro. Nonostante la lunga permanenza sui libri, poi, oltre il 40% dei neolaureati non ha mai fatto un'esperienza lavorativa. Solo il 12% ha svolto uno stage o un tirocinio, mentre otto su cento hanno approfittato dei programmi Erasmus o Socrate per passare un periodo all'estero. Va meglio con le lingue e il computer: dichiarano di conoscere bene l'inglese e i programmi più utilizzati, rispettivamente, il 46%
10 e il 50% dei laureati.

Vogliono un lavoro che li faccia crescere professionalmente, che apra possibilità di carriera, sia sicuro e in linea con gli studi fatti. Meglio se in una funzione creativa (ricerca, ideazione, progettazione) oppure nelle aree marketing - commerciale o nella comunicazione. Per avere tutto questo sono disposti a fare trasferte anche frequenti e il 44 % andrebbe volentieri a lavorare all'estero. Solo il 3,6 per cen-

15 to si dichiara decisamente refrattario a spostarsi per lavoro. Sono ambiziosi, informati e moderatamente "mobili" e, nonostante la già lunga permanenza sui libri, manifestano in diversi modi l'esigenza di approfondire la propria preparazione. Questa percezione di incompletezza del proprio bagaglio cultural-professionale non si manifesta solo nella preferenza per un lavoro che consenta prima di tutto di continuare ad imparare, ma anche nella voglia di proseguire gli studi, manifestata dal 62% dei

20 laureati. *"Al di là dei percorsi di specializzazione che sono in qualche modo obbligati per alcune Facoltà (tirocini e praticantati) - commenta Andrea Cammelli, responsabile nazionale di Almalaurea - emerge in generale il desiderio di restare nell'ambito dell'università (con una seconda laurea, dottorato, borse di studio o master) e una esigenza diffusa di perfezionamento e qualificazione".* Lo scopo della banca dati che fornisce un servizio alle aziende alla ricerca di personale, è ridurre i tempi di in-

25 contro fra domanda e offerta di lavoro che proviene dai laureati degli atenei coinvolti. Si tratta sopratutto di donne che, diversamente da quanto avviene poi nel mercato del lavoro, sono oltre il 55 % fra i laureati del 1999 e lasciano i colleghi maschi a dieci lunghezze di distanza. Tra maschi e femmine i percorsi di studi rimangono fortemente caratterizzati. Accade soprattutto fra gli ingegneri - profili tra i più richiesti dalle aziende, che non ne trovano abbastanza - dove le donne sono solo il 14 %.

Da "Il Sole 24 ore" - 31 luglio 2000

A. Segnate con X l'affermazione giusta.

1. Il rapporto della banca dati Almalaurea riguarda

a) 44 università italiane.
b) 18 università.
c) solo le università del Nord.

2. I neolaureati italiani hanno

a) un'età più elevata di quelli europei.
b) un'età meno elevata di quelli europei.
c) la stessa età di quelli europei.

3. Hanno partecipato ai programmi Erasmus o Socrates

a) il 40%.
b) il12%.
c) l'8%.

4. Dopo la laurea, preferiscono

a) continuare gli studi.
b) andare all'estero.
c) fare il primo lavoro che trovano.

5. La banca dati Almalaurea è un servizio

a) per gli studenti.
b) per le Università.
c) per le aziende.

6. Nel 1999

a) si sono laureati più uomini che donne.
b) si sono laureate più donne che uomini.
c) si sono laureati uomini e donne con la stessa percentuale.

B. **Collocate al posto giusto i seguenti aggettivi.**

> *formativa - educative - lavorativo - rappresentativo - conclusivo - produttivi - istruttive*

1. Sarebbe opportuno che i giovani arrivassero prima nel mondo ....

2. Il campione che ha risposto alle domande è .... di circa un terzo del mondo accademico italiano.

3. Le gite scolastiche sono più .... che piacevoli.

4. Studiare all'estero per un certo periodo è senz'altro un'esperienza ....

5. L'intervento .... del direttore del congresso è stato abbastanza interessante.

6. Le scene di violenza che spesso sono trasmesse in televisione non sono affatto ....

7. La società finanziaria di cui ti ho parlato propone investimenti più .... di quelli che suggeriscono le altre.

D. **Completate i testi con il verbo opportuno coniugato ad un tempo del congiuntivo o dell'indicativo.**

a) Cerchiamo un lavoro che .... buone possibilità di guadagno.	b) Vendiamo una casa che........................... una posizione centrale ad un prezzo davvero vantaggioso.

c) Cercasi ragazzo/ ragazza che .... suonare bene la chitarra per formare un gruppo.	d) Vendo una macchina in ottime condizioni che .... pochi chilometri.

e) Cerchiamo personale che .... un'ottima conoscenza di almeno tre lingue.

E. **Completate le seguenti parole con le lettere mancanti, scegliendole tra le seguenti.**

> o - m - n

1. C......etaneo

2. C......rregionale

3. C......inquilino

4. C......nnazionale

5. Co......dividere

6. Co......vivere

7. Co......piacere

8. Co......porre

F. **Completate le frasi che seguono, scegliendo la parola giusta tra quelle scritte sopra, dopo averle completate.**

1. I ragazzi che suonano nel gruppo hanno tutti la stessa età: sono ....

2. I nostri .... sono chiassosi e ci disturbano continuamente.

3. Paola ed il suo ragazzo sono .... Infatti sono nati tutti e due in Toscana.

4. Quando mia sorella è stata all'estero, ha incontrato altri .... con cui ha fatto subito amicizia.

5. Il nostro gruppo musicale vuole .... nuove canzoni e inciderle.

6. Noi non possiamo .... le tue idee su questo argomento perché la pensiamo in modo totalmente diverso.

7. Mio fratello preferisce .... anziché sposarsi.

8. Il mio collega vuole sempre .... il direttore dell'ufficio perché spera di fare carriera al più presto.

Lavorate a piccoli gruppi. Gli argomenti di cui discutere sono i seguenti:

• In Italia spesso i giovani non si laureano "in corso" e nel vostro Paese?

• Molti giovani, anche se sono laureati, non trovano lavoro. Ci sono molti disoccupati nel vostro Paese? In che percentuale hanno la laurea?

• In quali settori è più facile trovare lavoro?

Leggete il confronto che il giornalista italiano Riotta fa tra i giovani americani e quelli italiani.

Guardate gli americani: sono più responsabili

di Gianni Riotta

Anfibi e microgonne. Capelli viola crestati. Piercing in tutto il corpo. Adolescenti verso il Duemila. Di loro si parla sempre più spesso, alla televisione, nei giornali. Se ne occupano, dati alla mano, psicologi, scrittori, ricercatori sociali. *"Stagion lieta è cotesta"*, cantava Leopardi, il più pessimista degli uomini. E molto spesso gli adulti dimenticano che questa è un'età ingrata. Finché dei ragazzi come tanti altri non

5 si mettono a buttare sassi dal cavalcavia, o si ammalano nell'anima fino a togliersi la vita. Portare la giovinezza è portare un peso tremendo dice un verso della poetessa Alda Merini. Ma poi portano la loro età ingrata con forse maggior ansia e incertezza delle generazioni che li hanno preceduti. Sanno che trovare un posto di lavoro è diventato più difficile. Così, restano in famiglia (il 54,1% dei giovani tra i 25 e i 29 anni). Ma in compenso leggono meno per passione perché hanno tanti altri stimoli: lo sport

10 (42,4% dei ragazzi e 32,6% delle ragazze), la televisione (guardata da oltre la metà dalle due alle quattro ore al giorno): I giochi al computer (52,2% dei ragazzi tra gli 11 e i 14 anni, un po' meno, 2,6% le ragazze), la vita di gruppo. Tuttavia, forse proprio a causa di questa grande libertà e ricchezza di stimoli, i giovani non disporrebbero, secondo le ricerche, di un'immagine ben definita in cui rispecchiarsi.

Giudicando dalle mode e dalla cultura giovanile, gli Stati Uniti continuano a essere il
15 Paese del mondo a cui gli adolescenti guardano con più trasporto. Abbiamo chiesto
a Gianni Riotta, scrittore e giornalista, di descriverci qual è la situazione dei giovani.

Diciotto anni in America e in Italia: c'è differenza?

Sì, notevole. Negli Stati Uniti l'adolescente è considerato totalmente responsabile
di se stesso. Anche se ha una famiglia che lo mantiene agli studi, di solito se ne
20 va di casa a 17 anni. Qui da noi invece abbiamo creato un superadolescente che
arriva fino ai 30 anni.

È la famiglia oppure sono le istituzioni, negli Stati Uniti, a far crescere più in fretta?

È la società intera. La pena di morte viene applicata anche nel caso di adolescenti cosa che impressiona
tanto gli italiani perché per noi si tratta di bambini. Ricordiamoci però che in America Bill Gates è di-
25 ventato uno dei grandi dell'economia a 19 anni, che il Presidente Clinton è stato eletto a 46 anni, che
tanti giovani sono alla guida di aziende, giornali e telegiornali. Per gli americani, la gioventù è una condizione, non un vantaggio o uno svantaggio. Da noi è una condanna.

Perché una condanna?

L'adolescente italiano è protetto, blandito, rassicurato. Quello americano invece è mandato sempre in
30 prima linea e allo sbaraglio. Ma io credo che molti ragazzi italiani se ne andrebbero presto di casa anche
loro, se gli affitti fossero più bassi e ci fossero più occasioni di lavoro, anche part-time, come negli Usa.
Certo, stare a casa con la mamma che ti lava le camicie, e ti dà anche un appoggio di tipo emozionale
è comodo. Ma è un circolo vizioso: in questo modo si crea una generazione di mammisti.

Adattato da "Primo Piano", 6 marzo 1998 n. 8

Rispondete alle seguenti domande.

1. Secondo il giornalista sono i più responsabili i giovani americani o quelli italiani?

2. Che cosa aiuta gli americani a crescere più in fretta?

3. Cosa potrebbe, secondo Riotta, far cambiare la situazione in Italia?

G. Collegate le espressioni con il verbo "mandare" ai loro rispettivi significati espressi nella colonna di destra.

1. Mandare allo sbaraglio	**a.** trasmettere per radio o in televisione
2. Mandare in rovina	**b.** mandare verso un pericolo
3. Mandare all'altro mondo	**c.** rovinare, danneggiare
4. Mandare all'aria, a monte	**d.** uccidere
5. Mandare in onda	**e.** far fallire, non realizzare
6. Mandare in bestia	**f.** far andare in prigione
7. Mandare dentro	**g.** scacciare, licenziare
8. Mandare via	**h.** accettare, sopportare
9. Mandare giù	**i.** far arrabbiare molto

H. **Completate con le parole mancanti la seguente sintesi che si riferisce all'intervista al giornalista Riotta.**

Gli adolescenti italiani godono sicuramente di più .... (1) di una volta, ma vivono con .... (2) questa loro età.

A causa degli ....(3) molto alti, continuano a vivere in .... (4), a volte, fino a 30 anni. Se ci fossero più .... (5) di lavoro, potrebbero andare via di.........................(6) così come fanno gli adolescenti americani che, secondo il .... (7) Riotta, sono più .... (8). Del resto , è la stessa ....(9) americana a trattarli......... (10) adulti.

Dite con parole vostre il significato di questa affermazione.
"Se mi avessero detto questo mi sarei messo a ridere"

Scrivete le frasi passive presenti nel testo e trasformatele in attive.

....
....
....
....
....
....
....
....
....
....
....
....
....
....
....
....
....
....
....

I. **Ricercate nel testo le parole che corrispondono alle seguenti definizioni.**

1. Tipo di calzatura comune tra i giovani (r. 1) ....
2. Si dice di cosa difficile, faticosa che non dà soddisfazione (r. 4) ....
3. Ponte che passa al di sopra di una via attraversandola (r. 5) ....
4. Punizione per aver commesso azioni non legali (r. 23) ....
5. Chi è eccessivamente attaccato alla madre (r. 33) ....

Unità 18
Riccardo Muti e i giovani

📖 Pre-lettura

Fate ipotesi su chi è Muti e in quale parte d'Italia è nato.
Leggete il testo seguente.

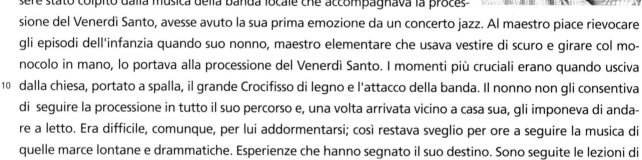

A) A Riccardo Muti, noto direttore d'orchestra italiano, piace anche la musica leggera e in particolare i Beatles e Tina Turner. Per lui non esiste musica di serie A e B; la musica è musica e basta ed occorre accostarsi ad essa con disponibilità e curiosità. C'è quindi da chiedersi come sarebbe stato il futuro del musicista
5 Riccardo Muti se, anziché crescere a Molfetta, in Puglia negli anni '40 -'50 ed essere stato colpito dalla musica della banda locale che accompagnava la processione del Venerdì Santo, avesse avuto la sua prima emozione da un concerto jazz. Al maestro piace rievocare gli episodi dell'infanzia quando suo nonno, maestro elementare che usava vestire di scuro e girare col monocolo in mano, lo portava alla processione del Venerdì Santo. I momenti più cruciali erano quando usciva
10 dalla chiesa, portato a spalla, il grande Crocifisso di legno e l'attacco della banda. Il nonno non gli consentiva di seguire la processione in tutto il suo percorso e, una volta arrivata vicino a casa sua, gli imponeva di andare a letto. Era difficile, comunque, per lui addormentarsi; così restava sveglio per ore a seguire la musica di quelle marce lontane e drammatiche. Esperienze che hanno segnato il suo destino. Sono seguite le lezioni di pianoforte, il liceo classico, il Conservatorio a Bari e poi a Napoli ed infine a Milano. E da lì successi e trionfi.

15 **B)** Una brillante carriera accompagnata da un profondo amore per la musica e da una disponibilità costante verso i giovani. Il maestro è felice di sfiancarsi, dirigendo gratuitamente i giovani. Afferma: *"La musica attrae i giovani, è uno dei valori forti nella formazione della loro personalità. È prima di tutto un modo di esprimersi e di imparare a crescere insieme, in gruppo, in comunità"*. Questo dei giovani è un tema che sta molto a cuore a Riccardo Muti e, nonostante il suo orgoglio culturale di essere italiano, esprime sdegno per l'atteggia-
20 mento di dirigenti e governanti del nostro Paese in fatto di musica. Ritiene, infatti, che non facciano abbastanza per avvicinare i giovani alla musica. Secondo lui, manca in Italia una buona educazione musicale a partire dalla scuola materna e dalle scuole elementari. Per lui, questa è una colpa imperdonabile, un segno di altissima inciviltà perché senza educazione musicale è difficile saper apprezzare la musica colta. E allora non c'è da stupirsi se chi è appassionato di musica rock finisce con lo sbadigliare davanti ad una sinfonia di Brahms.
25 Per Muti, molti giovani non si avvicinano alla musica classica un po' per pigrizia e un po' per timore e senso di estraneità. Ma quello che rimprovera di più ai dirigenti italiani è di non dare occasioni sufficienti a coloro che hanno talento. Lui non si stancherà mai di ripetere ai giovani di non avere timore di non capire, di non sentirsi abbastanza esperti di musica e vorrebbe che si avvicinassero ad essa senza diffidenza, perché la musica bisogna prima di tutto sentirla internamente. Così un assiduo frequentatore di concerti rock che ascolti
30 per la prima volta, per esempio, una sinfonia di Beethoven, potrebbe cogliervi emozioni più vere e più profonde di un vecchio abbonato alla Scala.

C) *"Per l'iniziazione alla musica classica, non c'è che l'imbarazzo della scelta. Il Gregoriano va bene per chi è in cerca di spiritualità, di misticismo, la musica barocca per chi è attratto dalle pulsioni ritmiche. In particola-*
35 *re, le suites per orchestra di Bach, poi Vivaldi e come passo successivo al barocco le sinfonie di Beethoven e Mozart. Il Romanticismo, per esempio Chopin e Ciajkovskij con temi musicali di grande capacità comunicati-va, è in grado di parlare immediatamente ad un pubblico non esperto. L'opera, poi, con Rossini, Verdi, Belli-ni è consigliabile a chi è attratto da quel processo meraviglioso in cui la parola diventa canto".*

Il maestro, lanciando una sfida, raccomanda di ascoltare un paio d'ore la sera o il pomeriggio non la televi-sione o il rock ma, una cassetta o un compact cosiddetti seri. Così, forse, molti potranno scoprire un mondo
40 nuovo e meraviglioso in cui tornare ad immergersi magari tra un concerto rock e l'altro.

A. **Scrivete la lettera giusta davanti ai titoli delle tre parti in cui è stato diviso il testo.**

......C...... Consigli per avvicinarsi alla musica.

.... Il suo rapporto con i giovani e l'educazione musicale nella scuola italiana.

.... Riferimenti alla vita di Muti.

B. **Lavorate in coppia e indicate con x l'affermazione giusta, dopo un confronto su quello che avete capito.**

1. Muti ricorda	a) il suo primo concerto jazz.
	b) la processione del Venerdì Santo.
	c) i cori della messa.
2. Suo nonno era	a) un maestro elementare.
	b) un operaio.
	c) un musicista.
3. A Muti piace	a) solo la musica leggera.
	b) solo la musica classica.
	c) la musica in generale.
4. Secondo Muti, in Italia,	a) i ragazzi non hanno una buona educazione musicale a partire dalla scuola materna ed elementare.
	b) i ragazzi hanno una buona educazione musicale nella scuola materna.
	c) ci sono pochi talenti per la musica.
5. I successi di Muti sono cominciati	a) a Napoli.
	b) a Bari.
	c) a Milano.
6. Il maestro dirige	a) volentieri e gratuitamente.
	b) malvolentieri e gratuitamente le orchestre giovanili.
	c) volentieri ma con compenso.

C. **Rispondete alle seguenti domande.**

1. Dove è nato Riccardo Muti?

2. Secondo lui, che cosa rappresenta la musica per i giovani?

3. Per quali motivi è orgoglioso di essere italiano e per quali motivi non lo è?

D. **Spiegate con parole vostre il significato delle seguenti frasi.**

Non c'è musica di serie A e di serie B. (r. 2) ....

Non c'è che l'imbarazzo della scelta (r. 32) ....

Il ragazzo finisce con lo sbadigliare davanti ad una sinfonia (r. 24) ....

Lancia una sfida. (r. 38) ....

E. **Completate le seguenti frasi, scegliendo il verbo giusto tra i seguenti e coniugandolo alla forma verbale opportuna. Qualche verbo può essere usato più di una volta.**

avvicinarsi - imbattersi - immergersi - sfiancarsi - indignarsi - emozionarsi - rallegrarsi

1. Guardando le foto di quando ero bambina e rievocando avvenimenti piacevoli dell'infanzia, io .... molto.

2. Quando .... nella lettura, non mi accorgo di quello che succede intorno.

3. L'anno scorso, durante le vacanze, noi ci......... .... in uno strano tipo.

4. Dovremo .... tutti nello stesso tempo per raggiungere insieme il fondale.

5. I nostri amici non .... al cancello perché c'era un grosso cane di cui avevano paura.

6. I contadini .... per il duro lavoro.

7. All'esame lo studente .... e non ha saputo rispondere alle domande .

8. È inevitabile che io .... quando vedo ingiustizie.

9. A che età tu .... al mondo della musica?

10. La mia maestra delle scuole elementari era un tipo emotivo e .... facilmente.

F. **Trovate gli aggettivi corrispondenti ai seguenti sostantivi.**

Misticismo ....

Romanticismo ....

Pragmatismo ....

Efficientismo ....

Permissivismo ....

Totalitarismo ....

G. Scrivete una frase con ogni aggettivo trovato.

....
....
....
....
....
....

H. Tra i seguenti consigli ce ne sono alcuni che Muti non ha dato. Cancellateli.

• Avvicinatevi alla musica con disponibilità e curiosità!

• Non frequentate il Conservatorio!

• Ascoltate anche la musica classica!

• Adulti, non tradite la speranza dei giovani!

• Non andate a teatro a vedere l'opera!

• Un paio d'ore al giorno, rinunciate alla televisione o allo stereo per una cassetta o un compact cosiddetti seri.

• Ragazzi, dedicatevi di più alla musica e studiate meno le altre materie scolastiche!

I. Dividetevi in gruppi e scrivete dei consigli vostri sull'argomento.

L. Lavorate a coppie o a piccoli gruppi. Gli argomenti di cui discutere sono i seguenti:

• *Non esiste una musica di serie A o di serie B.*

• *L'educazione musicale è importante sin dalla scuola materna ed elementare.*

• *La musica è sentire internamente, non è importante capirla.*

• *Se siete esperti di musica, esprimete le vostre opinioni sui consigli musicali che Muti ha dato.*

L. Esprimete con parole vostre il significato delle domande seguenti che spesso hanno già implicita la risposta.

1. *"E senza educazione musicale come si può apprezzare la cosiddetta musica colta?"*

2. *"Che ne so?"*

3. *"Credi che sia vero? E chi può dirlo?*

4. *"Otto giorni cosa sono?"*

5. *"E chi l'ha più visto?"*

6. *"Che c'è di male?"*

7. *"Che vuoi farci?"*

8. *"Come no?"*

9. *"Vado a casa, dove vuoi che vada?"*

10. *"È cambiato forse qualcosa?"*

11. *"Sono forse cose nuove?"*

N. **Dividetevi in due squadre e mimate nel modo giusto le seguenti azioni. Prima indicate a quali nomi delle parti del corpo possiamo riferirle, scegliendola fra i seguenti.**

bocca - gambe - piedi - naso - occhi - mani - braccia - dita - denti - orecchio - busto

orecchiare, sbadigliare, sgranchirsi, strizzare, applaudire, incrociare, origliare, stringere, afferrare, pestare, storcere, battere, schiaffeggiare

marciare, flettere, stendere, ruotare, socchiudere, indicare, pizzicare, accarezzare, abbracciare, spalancare, masticare

Svolgete solo una delle tre composizioni.

1. "La musica è prima di tutto un modo di esprimersi e di imparare a crescere insieme, in gruppo, in comunità".

2. Il mio rapporto con la musica: come mi sono avvicinato/a, cosa ne penso, quando mi piace ascoltarla, i miei generi preferiti.

3. L'educazione musicale nel vostro Paese. Ci sono buone occasioni nella scuola per coloro che hanno talento e per crescere in questo campo?

o. **Completate le frasi, coniugando il verbo tra parentesi al presente o al passato del condizionale.**

1. Se avesse avuto la sua prima emozione da un concerto jazz, forse Muti, oggi, (non essere) .... un direttore d'orchestra.

2. Se avessero ascoltato più musica classica, i giovani (avere) .... più orecchio musicale.

3. Se in Italia ci fossero state più occasioni, forse (svilupparsi) .... più talenti.

4. Se i giovani si fossero dedicati di più alla musica (loro - formarsi) .... in modo più completo.

5. Se ci fosse stata più educazione musicale, ora, Muti non (indignarsi) .... contro i governanti.

6. Se l'Italia non avesse un patrimonio culturale e artistico così grande, forse gli stranieri (interessarsi) .... meno al nostro Paese.

p. **Quale verbo? Sceglietelo tra i seguenti.**

| conseguire - eseguire - seguire - proseguire - inseguire - perseguire |

.... uno scopo.

.... un concerto.

.... una grande vittoria.

.... gli studi.

.... il cuore.

.... un ladro.

Unità 19
L'ecstasy killer

📰 Pre-lettura

Lavorate a coppie. Nel testo seguente si parla del pericolo della droga nelle discoteche. Attraverso un gioco di associazione dite cosa vi suggerisce la parola "discoteca".

Leggete il testo seguente.

Un ragazzo è morto solo qualche giorno fa, impasticcato, e tra gli amici della discoteca che frequentava è già un ex, è solo uno che se l'è cercata. Lo ripetono molti giovani davanti ad un drink, mentre la musica va a tutto volume. Tutto è come prima della morte del *"Biondo"*, lo sfortunato compagno, a parte la presenza di giornalisti in cerca di notizie e di poliziotti in borghese. I giornalisti sono ovunque nel locale; alcuni

5 provano a camuffarsi da consumatori di droga ma non la danno a bere, altri creano apprensione tra i ragazzi che chiedono: *"Sei un carabiniere? Chi sei? Se sei un giornalista prova a intervistare quello là. Lui spaccia ecstasy e la madre si prostituisce. Prova a dirglielo".* I giovani sono come al solito vestiti con magliette strette strette, con scarpe sportive e si muovono incessantemente. Il corpo è lo status symbol più a buon mercato per farsi notare, c'è chi ha rasato a zero i suoi capelli, chi ha tinto di rosso una cresta, chi ha risparmiato solo

10 due ciuffi azzurri, chi ha la faccia piena di piercing. Grande scontentezza e toni esageratamente drammatici mostra, invece, il proprietario. E' sulla porta d'ingresso ed inveisce contro i giornalisti: *"Ho investito miliardi in questo locale ed ora sono rovinato, la stampa ha esagerato come al solito su questa storia e penso proprio di querelarvi".* Sembra il più triste della notte, anche se poi convince poco, ha una cravatta luminescente, i baffetti e la barba curati, un vestito all'ultima moda, la faccia da cinquantenne navigato. Sono amareggiati

15 anche i buttafuori che solitamente, a sentire i ragazzi, non vanno per il sottile. Adesso, invece, vorrebbero far credere di essere dei bravi samaritani pronti ad aiutare quelli che si sentono male nel locale e a chiamare subito un'ambulanza in caso di necessità. I ragazzi avvertono tanti spazi vuoti rispetto al sabato precedente e per questo motivo si vedono in giro tanti musi lunghi. Nella folla spicca la faccia di uno che è interessato a ben altro che al ballo. Può dirsi davvero sfortunato per essere capitato in un momento in cui la discoteca è

20 piena di poliziotti. E' un tipo grasso e basso con un cappellino in testa e la tasca piena di pastiglie. E' un *pusher* che, non avendo letto i giornali, è venuto a spacciare nel luogo sbagliato. La polizia lo coglie mentre vende la roba. Scoprono anche che è evaso dagli arresti domiciliari. Perciò non se la caverà con poco. Intanto, i giovani, per niente sconvolti da questo arresto, continuano a ballare con movimenti replicati, identici per ore di fila. In tutto quel casino è possibile ascoltare solo qualche brandello di conversazione perché in realtà

25 si parlano poco. Essi non credono che una pastiglia possa ammazzare o distruggere il fegato. Un biondo ossigenato afferma: *"Non è vero quello che si dice, altrimenti qui ci dovrebbero essere morti ogni sera o persone malridotte fisicamente e in giro non se ne vedono affatto".* Alle 3.00, quando viene annunciato a voce e sugli schermi un minuto di silenzio per i fatti dei giorni passati, c'è anche chi si scoccia e resta inerte. Naturalmente nell'annuncio si evitano accuratamente le parole *"morte"* e *"spaccio"*.

A. **Indicate con una X l'affermazione giusta.**

1. Il "*Biondo*" è

    a) il nome di una discoteca.
    b) il soprannome del proprietario di una discoteca.
    c) il soprannome di un ragazzo morto a causa della droga.

2. La discoteca è piena

    a) di poliziotti.
    b) di cantanti.
    c) di spacciatori.

3. Il proprietario della discoteca è arrabbiato con

    a) i buttafuori.
    b) i ragazzi.
    c) i giornalisti.

4. I poliziotti arrestano

    a) uno spacciatore.
    b) un drogato.
    c) un buttafuori.

5. Lo spacciatore è fuggito

    a) dagli arresti domiciliari.
    b) dalla prigione.
    c) dalla stazione di polizia.

6. Alle 3.00

    a) si fa un minuto di silenzio.
    b) si parla di spaccio.
    c) la discoteca chiude.

B. **Rispondete alle seguenti domande.**

1. Perché ci sono molti controlli nella discoteca?
2. Che cosa fanno i giornalisti?
3. Come erano quella sera i buttafuori? Come sono di solito?
4. Come è il volume della musica?
5. Come è l'umore dei ragazzi e come si comportano con i giornalisti?
6. Qual è la reazione di alcuni al minuto di silenzio?

C. **Abbinate i personaggi ai brevi tratti con cui vengono descritti nel testo.**

1. Triste con la cravatta luminescente, i baffi e la barba curati, la faccia da cinquantenne navigato.

2. Un tipo grasso e basso con un cappellino e la tasca piena di pastiglie.

3. Hanno musi lunghi.

4. Amareggiati e con l'aria da buoni samaritani.

a. Lo spacciatore

b. Il proprietario

c. I buttafuori

d. I ragazzi della discoteca

D. **Collegate le parole della prima colonna a quelle della seconda.**

1. Impasticcato

2. Pusher

3. Uomo navigato

4. Buon samaritano

5. Cronista

6. Biondo ossigenato

a. giornalista

b. uomo che ha esperienza della vita

c. drogato

d. spacciatore di droga

e. uomo dai capelli decolorati e poi tinti.

f. persona buona e caritatevole

E. **Unite le forme verbali della colonna di sinistra ai sostantivi di quella di destra in modo opportuno per formare dei nomi composti.**

1. Para   bottiglia

2. Copri   fulmine

3. Spazza   letto

4. Apri   carne

5. Batti   neve

6. Lava   ombrello

7. Porta   abiti

8. Appendi   stoviglie

F. **Collocate sotto il disegno giusto i nomi che avete formato.**

a.

....

b.

....

c.

....

d.
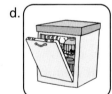

....

g.
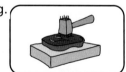
....

f.

....

e.

....

h.

....

G. **Fingete di essere il proprietario della discoteca e completate il seguente dialogo.**

Lei è preoccupato per il suo locale? Perché?

....
....
....
....
....
....
....
....

Perché ce l'ha tanto con i giornalisti?

....
....
....
....
....
....
....
....

Come mai non si parla per niente del Biondo?

....
....
....
....
....
....
....

H. **Leggete le risposte e formulate le domande che sono dirette allo spacciatore arrestato.**

....

No, non ne sapevo niente, perché non avevo letto i giornali

....

Mi sembravano normali frequentatori della discoteca.

....

No, non era la prima volta. Ero già agli arresti domiciliari.

I. **Cancellate tra i seguenti nomi quelli che non si riferiscono a persone che lavorano in discoteca.**

Cubista   maschera   barista   doppiatore

Buttafuori   **DISCOTECA**   deejay

controfigura   pierre

L. **Unite le forme verbali della colonna "A" con le parole giuste della colonna "B" per formare dei nomi composti riferibili a persona. Con "porta" è possibile formare più parole.**

A

Butta

Porta

Rompi

Posa

lava

B

scatole

fuori

lettere

borse

valori

piano

vetri

M. **Utilizzate le parole che avete composto nell'esercizio precedente per completare le seguenti frasi.**

1. Ai semafori, i .... insistono per lavare il parabrezza della macchina.

2. In una rapina all'ufficio postale un .... è stato ferito gravemente.

3. Il nostro vicino è un vero .... perché irrompe in casa in ogni momento.

4. Oggi la posta non è arrivata perché c'è sciopero dei ....

5. Si muove con una lentezza incredibile: è un autentico ....

N. **Trasformate le frasi, come nel modello.**

Modello: Prova a dire a Marco di smettere di star dietro a Maria!
Prova a dirglielo!

1. Cerca di spiegare ai nostri genitori che non volevamo fare niente di male!

Cerca ....

2. Tenta di vendere a Lucia la tua vecchia macchina!

Tenta ....

3. Continuate a raccontarci le barzellette!

....

4. Insistiamo a chiedere i nomi alla ragazza!

....

5. Seguita a mostrarci le diapositive del tuo viaggio!

....

6. Smetti di mandarmi due lettere al giorno!

....

◨ **Fingete di essere uno dei ragazzi presenti in discoteca quella sera e scrivete un breve elaborato in cui parlate delle persone presenti, dell'atmosfera che c'era, di quello che è successo e del minuto di silenzio.**

O. **Completate le frasi con le espressioni giuste, scegliendole tra le seguenti e coniugandole alla forma verbale opportuna.**

avercela - farcela - cavarsela - spassarsela - prendersela - mettercela - legarsela - sentirsela

1. Paolo è un tipo permaloso e.......... .... per niente.

2. Che bello essere in vacanza e .... tutto il giorno.

3. La nostra squadra non è al completo ma .... tutta per vincere la gara.

4. Che muso lungo, Marco! Con chi ....?

5. Sei un tipo in gamba e sono sicura che anche questa volta .... a superare a l'esame.

6. Marcella è vendicativa e se le fai un torto .... al dito.

7. Carlo ha chiesto a Chiara di mettersi con lui, ma lei non .... perché lo conosce da poco tempo.

8. Andrò in Spagna in vacanza e spero di...... .... con il mio spagnolo di sopravvivenza.

Unità 20
Tecniche di seduzione

📖 Pre-lettura

Scambiatevi le seguenti domande.

• Lasceresti il tuo lavoro per fare a tempo pieno lo scrittore?

• Cosa consiglieresti ad un amico che ha talento come scrittore?

Polidori ha detto: "Quello che mi colpisce è la qualità pura e grezza della tua scrittura, come se non avessi letto nessun libro in vita tua, oppure li avessi letti tutti e seguissi l'insegnamento Zen di dimenticare quello che sai". Mi guardava con aria interrogativa, ma non mi sembrava che si aspettasse una spiegazione da me. Oscillavo tra sentimenti contrastanti, confusi e raddensati ancora più dall'alcol: mi imbarazzava l'idea che mi considerasse un naïf inconsapevole, e d'altra parte non avevo seguito nessun insegnamento Zen mentre scrivevo, mi ero solo lasciato portare dalla rabbia e dalla frustrazione così come venivano fuori dalla mia vita. Gli ho detto: "Non so bene. Sono due anni che ci lavoro. ma è ancora pieno di cose che non mi convincono, e non riesco a trovare un finale. Polidori mi ha chiesto: "Intanto lavori per Prospettiva? Scrivi articoli e fai interviste tutto il giorno, e quando torni a casa riesci a ritrovare lo spirito della tua storia?". Anche lui sembrava sconcertato; capivo che mi girava intorno, cercava un angolo di lettura. "Dipende", ho detto io. "Certe volte sono talmente stufo e depresso che non riesco più a scrivere niente di mio, ma di solito mi viene una voglia tremenda di farlo proprio per reazione. Forse tutta questa storia l'ho scritta per reazione, in realtà. Per sopravvivere. È una specie di vendetta, credo». Avevo la sensazione di non controllare più le parole: mi sembrava che le vocali si dilatassero fuori misura, lasciassero aloni sonori nel vuoto della sala vetrata. Sorridevo in modo stupido, anche, facevo gesti inutili. Polidori adesso mi guardava con un interesse più focalizzato, ma era ancora vicino e caloroso, attento come un amico. Mi ha chiesto "E prima di lavorare a Prospettiva cosa facevi?".

"Il supplente di italiano in una scuola media", ho detto io, collaboravo a una radio privata. Prima ancora ero all'università, poi ho fatto il servizio militare, poi ho lavorato in un allevamento di cani a Digione, mentre mia moglie faceva il suo corso di specializzazione. Scrivo da quando ho diciott'anni, ma è sempre stata una specie di attività collaterale". Polidori è stato zitto, sembrava assorto nelle guglie del Duomo; io ascoltavo l'acciottolìo sommesso dei due giapponesi all'altra estremità della sala, il tintinnio di vetri e i soffi di vapore che venivano dalle cucine. Poi si è girato, mi ha detto: "Io penso che tu sia uno scrittore, Roberto. Penso che dovresti cercare di finire questa storia, e pubblicarla". Gli ho detto "Ma non so se ho davvero voglia di pubblicarla. È una storia troppo diretta. C'è dentro Prospettiva, e i miei colleghi, e mia moglie. Ci sono troppi particolari della mia vita e della vita delle persone che conosco". Ero spaventato: mi sentivo spinto verso l'orlo di un abisso, anche se era un abisso che avevo sognato molte volte. "Poi continuo a scrivere e non riesco a trovare una fine. Mi sembra che potrei andare avanti per altre duecento pagine". Polidori ha detto: "È perché sei ancora troppo vicino all'origine della tua storia. Ci vivi dentro, ancora. Quello che dovresti fare è tirarti fuori, andartene da Prospettiva e forse anche da Milano. Dovresti mettere una distanza fisica tra te e quello che racconti, e prenderti più tempo dei ritagli che hai

avuto finora. E non scrivere nient'altro finché non hai finito". "Sì, ma come faccio?", gli ho chiesto io. "Non posso mica lasciare il mio lavoro per una cosa che non mi può neanche dare da vivere. E dove vado?". Polidori ha sorriso; mi ha detto: "Chi l'ha deciso che non ti può dare da vivere? E quanti figli hai da mantenere. Quante donne e quante case hai?". "Solo una moglie", gli ho detto, "E un appartamento di cinquanta metri quadri". Ho sorriso anch'io, ma lui aveva già smesso. Mi ha detto: "Cavolo, Roberto, io alla tua età facevo la fame un giorno sì e uno no. Pesavo sessanta chili tanto ero magro, quindici meno di adesso. Suonavo il piano nelle balere di Buenos Aires finché avevo le dita massacrate e correvo dietro a tutte le donne che mi passavano davanti, scrivevo quando avrei dovuto dormire e dormivo quando avrei dovuto mangiare. Che razza di mondo è diventato, dove uno che ha la fortuna immeritata di sapere scrivere in modo così netto preferisce fare il ragazzo di redazione e riportare pettegolezzi di seconda mano piuttosto che rischiare a vivere da artista? "Non è vero", gli ho detto, anche se sapevo che almeno in parte lo era. Ho detto: "Non è per prudenza"; ma non riuscivo a trovare parole adeguate alla luce furiosa che gli brillava nello sguardo, alla passione ironica e violenta della sua voce.

"E allora?", ha chiesto lui.

"Allora perché preferisci tenere in frigorifero il tuo talento invece di buttarti con tutta l'energia che hai in quello che sai fare?"

Adattato da A. De Carlo, Tecniche di seduzione, Bompiani, Milano, 2000

A. Rispondete alle seguenti domande.

1. Che cosa pensava Polidori del libro di Roberto e che cosa avrebbe voluto che facesse?

2. Di che cosa parla il libro di Roberto?

3. Perché, secondo Polidori, Roberto non riusciva a trovare un finale al suo libro?

4. Perché Roberto aveva paura di lasciare il lavoro?

5. Quale scopo hanno le parole di Polidori "Cavolo, Roberto............ pieni di prudenza e di buoni sentimenti"?

B. Esprimete con parole vostre il significato delle seguenti domande.

1. "E allora?"

2. "Sì, ma come faccio?"

3. "E dove vado?"

4. "Chi l'ha deciso che non ti può dare da vivere?"

5. "Che razza di mondo è diventato .... da artista?"

C. Scrivete in parentesi il significato che le parole "cavolo" ed "energia" hanno nelle seguenti frasi.

1. Quello che tu stai dicendo adesso non c'entra un cavolo (= ....) con il problema che discutiamo.

2. Per favore sediamoci sulle poltrone davanti perché da qui non vedo e non sento un cavolo. (= ....)

3. Io dovrei rinunciare a tutti quei soldi?
Un cavolo! (= ....)

4. Il tipo ideale della mia amica deve essere un uomo pieno di energia (= ....).

5. Occorre protestare con energia (= ....) per ottenere quello che vogliamo.

Lavorate a piccoli gruppi.
Gli argomenti su cui confrontarvi sono:

• Condividete la determinazione di Polidori o vi sembra eccessiva?

• Cosa pensate della prudenza di Roberto?

• Pensate che Roberto possa tranquillamente fare le due attività?

• Provate a delineare un breve profilo psicologico dei due.

D. **Cambiate le seguenti frasi dal discorso diretto al discorso indiretto.**

1. Polidori ha detto: "Quello che mi colpisce è la qualità pura della tua scrittura".

....

....

....

2. Roberto gli ha detto: "Non so bene. Sono due anni che ci lavoro ma non sono ancora riuscito a trovare un finale".

....

....

....

3. Lui ha detto: "Io penso che tu sia uno scrittore e che dovresti cercare di finire questa storia e pubblicarla".

....

....

	Cambiamenti nel passaggio dal discorso diretto al discorso indiretto (verbo principale al passato: ha detto, diceva,...)	
	D. diretto	**D. indiretto**
	Futuro semplice e anteriore (indicativo)	Condizionale passato
	Condizionale presente	Condizionale passato
	Congiuntivo presente	Congiuntivo imperfetto

4. Polidori ha detto: "Dovresti mettere una distanza fisica tra te e quello che racconti e prenderti più tempo dei ritagli che hai avuto finora".

....

5. Roberto ha risposto: "Non potrò mica lasciare il lavoro."

....

6. Roberto ha detto : "Hai ragione. Domattina mi licenzierò".

....

7. Polidori ha risposto: "Pensaci con calma".

....

8. Polidori ha detto: "Tu non hai idea di quanto sia finto e privo di vita quello che si legge di solito".

....

E. **Associate le parole della prima colonna ai rispettivi significati presenti nella seconda.**

Il suffisso "-ìo" indica azione ripetuta e continuata.

Verbo	Nome
ronzare	ronzìo
mormorare	mormorìo

1. Scampanellìo **a.** rumore lieve e continuo di acque

2. Tintinnìo **b.** suono prodotto da piatti, stoviglie

3. Acciottolìo **c.** uno squillare continuo con brevi colpi staccati

4. Fruscìo **d.** rumore sommesso prodotto da persone, animali, cose in movimento

5. Mormorìo **e.** rumore sommesso e strisciante prodotto da tessuti, foglie, carte

6. Brusìo **f.** suono di un campanello con forza e insistenza

F. **Volgete al plurale le seguenti frasi.**

1. Metti la mano sul banco e smettila di rovistare nello zaino.

....

2. Lo psicologo ha detto che l'adolescente vive un periodo critico.

....

3. Il valico che è segnato sulla cartina è difficile da attraversare in inverno.

....

4. Un archeologo famoso ha fatto uno studio approfondito su questo scavo.

....

5. Il fungo ha sicuramente un sapore più deciso dell'asparago.

....

6. Da qui potrai sentire l'eco.

....

7. Il *Bacio Perugina* è conosciuto in tutto il mondo.

....

8. L'arbitro è spesso contestato dal tifoso.

....

9. È piacevole ascoltare il mormorìo del ruscello.

....

10. Dalla cucina viene un acciottolìo, insieme ad un intenso odore di tartufo.

....

11. Il rinvìo dell'esame è stato comunicato solo il giorno prima.

....

12. Lo zio del mio collega è un sindaco di un piccolo paese.

....

13. Scrivo sempre con una biro.

....

14. La moto che è davanti a noi è molto costosa.

....

15. Attualmente l'uomo attraversa forse un periodo critico nel suo rapporto con la donna.

....

16. Il giovane scrittore ha venduto un migliaio di libri.

....

17. Il nuovo dizionario che ho comprato è tascabile.

....

G. Unite le espressioni con il verbo "tirare" al significato corrispondente espresso nella colonna di destra.

1. Tirare avanti   **a.** trarre vantaggi personali

2. Tirare le somme   **b.** decidere di non partecipare

3. Tirare sul prezzo   **c.** coinvolgere qualcuno o introdurre un argomento nel discorso

4. Tirare in ballo   **d.** cercare di proseguire alla meglio

5. Tirarsi indietro   **e.** cercare di ridurre il prezzo

6. Tirar l'acqua al proprio mulino   **f.** ricavare le conclusioni, le conseguenze

H. Completate le frasi, ricordando di usare il modo indicativo per un fatto certo, reale e di usare il congiuntivo per circostanze possibili, ipotizzate, irreali.

1. Lo zio voleva bene a Gianni come se (lui - essere).............. suo figlio.

2. Ho preparato un gustoso pranzetto esattamente come mi (tu dire)........................ di fare.

3. Sei esagerato come al solito; ti sei vestito come se (tu - dovere).............. scalare l'Everest ed invece dobbiamo solo fare una passeggiata in montagna.

4. Mettiti pure a tuo agio. Fa' come se (tu essere) .... a casa tua!

5. Il direttore è andato su tutte le furie perché la sua segretaria non ha mandato il pacco nel modo in cui (lui-ordinare) .... di fare.

6. Mi parlava e si comportava come se mi (lui vedere) .... per la prima volta.

7. Ho fatto tutto come (indicare)....... .... nelle istruzioni.

I. Attribuite ai due interlocutori i seguenti aggettivi, motivando la scelta.

> confuso - turbato - eccitato - imbarazzato - assorto - spaventato - incerto - ironico - arrabbiato - prudente - sconcertato - appassionato - caloroso - indeciso

Polidori   Roberto

sconcertato

....

....

....

....

Ricercate e cerchiate nel puzzle dieci aggettivi che si possono riferire alla parola voce.

T	S	R	S	P	R	O	T	S	G	G
Q	S	S	I	S	G	R	F	T	O	L
R	M	B	A	S	S	A	R	O	S	M
T	S	Q	U	I	L	L	A	N	T	E
D	O	L	C	E	U	T	G	A	R	L
Q	A	M	R	O	C	A	O	T	I	O
I	V	O	N	T	I	F	R	A	D	D
D	E	R	T	G	D	P	O	V	U	I
R	U	I	R	L	L	O	S	E	L	O
D	I	M	P	O	S	T	A	T	A	S
G	S	A	I	N	T	O	N	A	T	A

A. Completate le seguenti frasi con le congiunzioni appropriate. Il modo verbale usato vi aiuterà nella scelta.

1. .... io non abbia nessuna voglia, dovrò fare i compiti per domani.

2. La signora scippata ha gridato .... qualcuno l'aiutasse.

3. Non so proprio .... abbia fatto a trovare tutti quei soldi.

4. Ti presto la mia racchetta .... tu me la restituisca entro stasera.

5. Il bambino continua a guardare la televisione, ... dovrebbe essere già a letto.

6. .... dobbiamo traslocare, vorremmo vendere alcuni mobili.

7. Abbiamo preso brutti voti in molte materie .... in geografia.

8. È stata una serata ben riuscita. .... gli invitati si sono divertiti molto.

9. ....la nostra casa è piccola, c'è una stanza per gli ospiti.

10. .... anche domani avrò la febbre, dovrò restarmene a casa.

......./10

B. Completate il testo, scegliendo le parole appropriate tra le seguenti.

> della - Gaber - con - singhiozzando - ha - 1968 - di - anni - suoi - grandi - sfilavano - lanciavano - madre - giunonica - sera - braccia - musica - intrigante - tutto - quel - alla - maestro - mozzafiato - Venezia - abbondanti - volto - della - naso - vezzo - mani - madre - canzone - borghese - che - sgonfiavano - stress - diventa - volta - con - si

Mina

La ..voce..? Il più prezioso accessorio .... (1) sua personalità. Complessa, magnetica, ... (2), carismatica. Perché diversamente non si........... (3) Mina. Si resta Anna Maria Mazzini. ...... (4) quella voce potrebbe cantare di......... (5), immobile davanti a un microfono, ... (6) parole d'amore. Regalerebbe emozioni comunque, con .... (7) dono di cui madre natura l'........ (8) dotata. Lei ha anche il .... (9) giusto. Il viso, il taglio del .... (10), gli occhi grandi, immensi per quel .... (11) di cancellarsi le sopracciglia. E le .... (12): mobilissime, generose, carezzevoli, da grande .... (13), come la vedeva Fellini. Nel .... (14), quando l'Europa era sottosopra, gli studenti .... (15) in strada e le donne .... (16) la loro sfida ai mariti e ...... (17) chiesa, lei riaffermava in ogni .... (18) un morboso attaccamento all'amore .... (19) Ma nella vita era più anticonformista .... (20) tutte. Aveva 28 anni, da cinque .... (21) era la signora incontrastata della .... (22) italiana. Aveva combattuto e vinto .... (23) battaglie.

Come donna e come................. (24). Qualche volta faceva uno sforzo, e .... (25) concedeva all'industria. Come quella .... (26) che cantò con l'orchestra del .... (27) Martelli all'edizione del '68 .... (28) Mostra della Musica leggera di .... (29). Indossava un abito a disegni folk .... (30) le lasciava scoperti i fianchi .... (31) che tutti adoravano. Essi si gonfiavano e si...............(32) con una dieta speciale di........... (33) e mal d'amore. Quando era .... (34) indossava austeri abiti da .... (35) che lasciavano libere solo le .... (36), che in televisione sembravano smisurate come i .... (37) acuti. Quando era magra, azzardava minigonne .... (38), come quella volta nella tourneé .... (39) Giorgio .... (40).

......./40

C. Esprimete la vostra opinione sulle seguenti affermazioni incontrate nei testi letti.

1. L'amicizia è il mio mito (U. 2)

2. La Generazione X (nati dopo il 1964) è educata ad un cauto pessimismo (U. 4)

3. I cellulari continuano a suonare al cinema, al teatro, ovunque la discrezione imporrebbe di spegnerli (U. 6)

4. Non ingozzarsi a pranzo è buona cosa (U. 7)

5. Oggi le coppie vivono in una solitudine profonda, non c'è più il sostegno della famiglia allargata (U 9)

6. È importante dare ai ragazzi un'educazione musicale a partire dalla scuola materna ed elementare (U. 18)

....../6

D. Trovate l'aggettivo che può riferirsi a tutte e tre le parole date.

Esempio: *poltrona, scarpa, automobile* ~~veloce~~ *estiva* ~~nuova~~

1. terreno, periodo, giorno

incolto
lavorativo
feriale

2. jeans, prezzo, biglietto

consunto
stracciato
giovanile

3. educazione, orecchio, complesso

musicale
sinistro
fisico

4. umore, cibo, posizione

scarso/a
ottimo/a
alto/a

5. bagaglio, organizzazione, attività

culturale
monotono
pesante

6. numero, messaggio, personaggio

digitato
indecifrabile
emotivo

....../6

E. Completate con i modi imperativo, condizionale e congiuntivo.

1. Se (lui venire) .... qui, lo accoglierei a braccia aperte.

2. Non sapevo che (tu - visitare) .... già quel paese.

3. Se vuoi essere in forma, (tu - fare) .... attività fisica con regolarità.

4. (Io andare) .... a giocare con gli altri, se mi invitassero.

5. È probabile che domani, a causa della neve, (circolare) .... solo alcuni autobus.

6. Immaginavo che il regalo le (piacere) ....

7. Prima di mettervi in viaggio, (voi controllare) .... le gomme!

8. Signora, (tacere) .... , per favore, non (aggiungere) .... altro!

9. Se tu fossi andato subito dal medico, ieri non (stare) .... così male.

10. (Lei - andarsene) .... immediatamente, altrimenti chiamo la polizia.

...../10

F. **Trasformate le seguenti frasi dal discorso diretto al discorso indiretto.**

1. Il professore disse: *"Nessuno di voi è appassionato di teatro"*.

2. Il vigile disse: *"Mi faccia vedere la patente ed il libretto di circolazione"*.

3. La nonna mi ha detto: *"Qui piove a dirotto"*.

4. Gli rispose: *"Temo che lui sappia già tutto"*.

5. I ragazzi mi risposero: *"Andremo presto a casa dei nonni"*.

...../5

G. **Completate con le preposizioni semplici o articolate opportune.**

1. Luigi è scivolato........ scendere le scale.

2. È stufa .... scherzi stupidi che continui ..... fare.

3. Il campo da tennis si trova ...... circa mezz'ora ..... cammino ..... qui.

4. Mio nipote si è laureato ..... architettura presso l'Università ... Milano.

5. Sono rimasta colpita....... intelligenza della bambina ...... nostri amici.

6. Il grave incidente è successo .... incrocio vicino ...... casa mia.

7. Il fumo è sicuramente nocivo .... salute.

8. ..... tutta quella gente sarà difficile vedervi.

9. Mi piace parlare ..... grande sincerità.

10. Alcune finestre della mia casa danno .... piazza.

...../10

H. **Completate con i seguenti avverbi.**

drasticamente - sfacciatamente - virtualmente - adeguatamente - profondamente - ulteriormente - modestamente - strettamente - inevitabilmente - particolarmente - finanziariamente - entusiasticamente - concretamente

1. L'eccessivo successo cambia.. le persone.

2. Il maestro Muti ama .... la musica.

3. Non vogliamo appesantire .... il vostro orario di lavoro.

4. Con il computer si possono .... fare molte cose; è possibile perfino sposarsi.

5. Ascolto ogni genere di musica, ma .... quella jazz.

6. Il nostro vicino bussava .... a tutte le ore.

7. La ditta ha ridotto .... il numero dei lavoratori perché si trovava in una situazione .... difficile.

8. Il paziente non è stato .... curato ed ha avuto serie complicanze.

9. Le organizzazioni di volontariato aiutano .... il prossimo.

10. Ormai tutti quanti usiamo .... il cellulare.

11. La notizia è .... privata.

12. Lei veste .... e in modo pratico.

..../13

TOTALE ..../100

Appendice

DIALOGO

A. Unite le seguenti espressioni alla loro funzione, scegliendola tra quelle indicate nella seconda colonna.

Inf. = informale

Form. = formale

1. Ehi! Senti! Scusa! Scusi! Senta!

2. Capisco...

3. Vediamo...

4. Davvero? Stai scherzando?!
   Sul serio? Veramente?

5. Senz'altro. Va bene. Perfetto
   Perché no?! Come no!
   D'accordo! Volentieri.

6. Che bello! Evviva!

7. Ehm...!Mah...!

8. Mi dispiace! Spiacente.....

9. Cioè... Vuol dire....

10. Che cosa hai detto?/
    Come? Prego?!

a. (inf. e form.) per esprimere dispiacere

b. (form.) per attirare attenzione o iniziare una conversazione

c. (inf. e form.) per affermare, dire sì.

d. (inf. e form.) per esitazione, incertezza

e. (inf. e form.) per verificare

f. (inf. e form.) per esprimere comprensione

g. (inf.) per esprimere entusiasmo

h. (inf. e form.) per esprimere sorpresa, incredulità o chiedere conferma.

i. (inf.e form.) per chiedere di ripetere ciò che è stato detto.

l. (inf. e form.) per spiegare.

B. Pensate a cosa chiedono i seguenti interrogativi e collocateli sotto la colonna giusta.

chi - che cosa - che - dove - perché - come mai - quando - come - quale - cosa - quanto/a

Identità/qualità	luogo	tempo	quantità	causa
Chi...				

c. **Completate il dialogo con le parole scritte sotto alla rinfusa.**

> quale - come - chi - davvero - capisco - come mai - scusami - perfetto - senti - volentieri - che - che

ALL'AEREOPORTO

Michele: Sei proprio tu, o sto sbagliando persona?

Luigi: No, non sbagli affatto. Sono proprio io, Luigi, il tuo inseparabile compagno di banco della scuola media.

Michele: Come sono felice di rivederti! Sono passati così tanti anni; mi sembra un secolo. .... (1) non ti sei fatto vivo in tutto questo tempo?

Luigi: Non sapevo .... (2) rintracciarti. Il tuo numero di telefono non era più lo stesso ed inoltre avevi cambiato casa.

Michele: .... (3). Del resto anch'io ho chiesto di te ai nostri vecchi amici e mi hanno detto che ti eri trasferito. .... (4), hanno appena annunciato che il mio aereo partirà con un po' di ritardo; che ne diresti di andare a bere qualcosa? Potrai raccontarmi quello che hai fatto in tutto questo tempo.

Luigi: .... (5) . Anch'io devo aspettare ancora un bel po' e potremmo approfittarne per fare una bella chiacchierata come ai vecchi tempi. Indovina un po' .... (6) lavoro faccio?

Michele: Beh! Hai sempre detto che ti sarebbe piaciuto diventare ingegnere. Immagino che tu sia un ingegnere.

Luigi: Non hai indovinato. Davanti a te, invece, c'è un giornalista piuttosto affermato, direi.

Michele: .... (7)? Incredibile! Tu, un giornalista?! Per .... (8) giornale lavori?

Luigi: Un giornale sportivo.

Michele: Sei l'uomo delle sorprese. ...... (9) l'avrebbe mai detto! Sei sposato ?

Luigi: Oh, no! Sono sempre in giro; dedicherei poco tempo alla famiglia e poi non mi sento ancora pronto per il matrimonio.

Michele: Ti capisco, sai. Anch'io, del resto, non ho alcuna intenzione di metter su famiglia.

Luigi: .... (10) ma devo proprio andare, hanno annunciato il mio volo. Parto per l'Australia per motivi di lavoro. Appena torno ti telefono e organizziamo una bella vacanza da scapoli. .... (11) ne dici? Ti va l'idea?

Michele: .... (12)! Buon viaggio!

Luigi: Grazie, anche a te!

Completate il dialogo seguente con le battute mancanti, scegliendole tra le seguenti.

• Sai che ti dico? Secondo me, dovresti vedere meno film gialli.

• Ma che ti salta in mente?! Lui sembra un brav'uomo e poi sono andati sempre d'accordo.

• Sì, certo, i signori Rinoldi. E con questo?

• Guarda, chi si rivede?!

• Di che si tratta?

• Perché dici "era"? Non c'è niente di strano in tutto questo: potrebbe essere partita per qualche giorno.

• Non ho nessuna intenzione di aiutarti ed anche tu faresti bene a smettere di spiare i tuoi vicini, perché qualcuno potrebbe darti una bella lezione.

D. MANIE DA POLIZIOTTO

Alessia: (1) ....
....

Marco: Hai ragione di essere arrabbiata con me. Non ti ho telefonato, non sono venuto a trovarti...
Scusami, mi dispiace davvero tanto. Sono accadute delle cose strane che mi hanno distratto
completamente.

Alessia: (2) ....
....

Marco: Ricordi i due signori anziani che abitano di fronte alla mia villa?

Alessia: (3) ....
....

Marco: La signora Rinoldi era una donna molto abitudinaria: tutte le mattine, alla stessa ora, usciva
per fare la spesa, al ritorno dava da mangiare al gatto, potava i suoi fiori, spazzava il viale.
Sono ormai parecchi giorni che non la vedo più.

Alessia: (4) ....
....

Marco: Hai ragione! Ma il fatto è che un giorno li ho visti e li ho sentiti litigare piuttosto
animatamente. E dopo un po' ho visto il marito che scavava una grande fossa nel giardino.
Allora ho pensato che lui l'avesse uccisa e che stesse nascondendo il cadavere.

Alessia: (5) ....
....

Marco: Senti, Alessia, io ho un piano per incastrare il marito, ma avrei bisogno del tuo aiuto.

Alessia: (6) ....
....

Marco: Dai, si tratta di una cosa molto semplice. Quando lui si allontana da casa, vorrei vedere che
cosa c'è in quella fossa. Ti chiedo solo di farmi da palo.

Alessia: (7) ....
....

E. Scrivete le battute mancanti.

Il dialogo si svolge al palazzetto dello sport. Claudia si sente improvvisamente male, mentre sta
giocando una partita di pallavolo. Adesso si trova nello spogliatoio, il medico la visita e le fa le
domande necessarie per capire che cosa ha. Claudia spiega che non ha fatto in tempo a mangiare
qualcosa, giocava la sua prima partita ed ha sbagliato due volte consecutive la battuta.

Dottore: Allora, Claudia , come ti senti?
Claudia: ....
Dottore: Sei svenuta a pochi minuti dalla fine della partita e ti abbiamo portato nello spogliatoio.
Claudia:.... ....
Dottore: Non è niente! Stai tranquilla! Dimmi, piuttosto, era la tua prima partita nella squadra?
Claudia: ....

Dottore: Capisco. Quando hai cominciato a sentirti male?

Claudia: ....

Dottore: Sei un tipo emotivo, eh?! Hai mangiato qualcosa di energetico prima della partita?

Claudia: ....

Dottore: Potevi prendere qualcosa da mangiare al bar.

Claudia: ....

Dottore: Ma potevi farteli prestare.

Claudia: ....

Dottore: E' finita bene perché la tua squadra ha vinto. Bevi questa bevanda calda! Ti farà bene.

Claudia: ....

Dottore: Certo, puoi andare. L'emozione e il non avere mangiato quasi niente fanno di questi scherzi.
Mi raccomando, in futuro, non fare più la sciocchezza di giocare a stomaco vuoto.

F. Scrivete tre dialoghi, seguendo le indicazioni date sotto.

I) Intervistate un tennista famoso e chiedete informazioni sulle abitudini quotidiane
• sui pasti
• sulle ore dedicate all'allenamento
• sul tempo libero
• sulle attività serali
• sul genere di musica preferito

II) Telefonate ad un'amica per comunicare l'ora del vostro arrivo. Chiedetele di venire alla stazione.
Chiedete notizie del tempo atmosferico per sapere cosa mettere nella valigia.
Vi piacerebbe portarle qualcosa, perciò chiedetele se c'è qualcosa che le farebbe particolarmente piacere. Lei vi risponderà di portarle i biscotti della mamma perché ne è ghiotta.

III) Un'amica è appena tornata da un viaggio in Italia. Chiedetele come è andato? Dove è stata ?
Quale città le è piaciuta di più e perché. Quali sono le sue impressioni sugli italiani e sulla vita in Italia. Chiedetele se le piacerebbe vivere in Italia.
Le sue impressioni sull'Italia sono tutto sommato positive. Ha visitato le città d'arte più importanti dell'Italia. Ha trovato gli italiani aperti ed ospitali. Sarebbe felice di abitare in Italia.

DESCRIVERE UNA PERSONA

SCALETTA CON SUGGERIMENTI

Aspetto fisico: statura, corporatura (magra, snella, robusta, grassa, longilinea, atletica, asciutta, massiccia, ossuta, esile, minuta), volto (ovale, tondo, allungato, quadrato, scarno, regolare, paffuto), capelli (biondi, castani, radi, folti, ricci, crespi, lisci, ondulati), occhi (grandi, piccoli, a mandorla, infossati, cerchiati, vivaci, spenti, inespressivi, espressivi, penetranti, smarriti), bocca (stretta, larga, carnosa, sottile, regolare), naso (piccolo, grande, corto, lungo, sottile, aquilino, camuso, adunco, schiacciato, diritto), orecchie (regolari, grandi, piccole, a sventola) voce (limpida, nasale, gutturale, stentorea, squillante, roca, stridula, melodiosa, tonante, robusta, sommessa).

Modo di vestire: (abbigliamento casual, curato, trasandato, elegante, raffinato, sportivo, firmato).

Profilo psicologico: carattere (estroverso, introverso, timido, riservato, aggressivo, prepotente, debole, emotivo, allegro, triste, pessimista, ottimista, egoista, altruista, possessivo, permaloso, spiritoso, equilibrato, disponibile, generoso, problematico, casinista, socievole, affidabile, fedele, tenace, arrendevole, presuntuoso, modesto).

• comportamento con gli altri (gentile, educato, maleducato, disponibile, cauto, prudente, fiducioso, tollerante, intollerante, diffidente...)
• abitudini
• visione della vita
• reazioni di fronte a problemi o difficoltà
• interessi
• la qualità più grande/ il peggior difetto
• impressioni che suscita

Verbi utili: *"essere", "avere", "portare", "vestire", "indossare", "manifestare", "suscitare", "reagire".*
Tempi verbali: presente ed imperfetto indicativo...
Preposizioni frequenti: *"di", "su", "da", "con".*

Completate il testo seguente con le preposizioni opportune, scegliendole tra le seguenti.

> a - su - con - di - da

Non sapevo esattamente la sua età: poteva essere ..... quaranta ma ne dimostrava parecchi di più.
Il suo viso era smunto................ gote incavate e........................ una barba ispida, cespugliosa ed incolta. I suoi occhi,........................ colore azzurro intenso, risaltavano ...... viso pallido e la sua fronte alta mostrava qua e là qualche ruga. Aveva le orecchie....... sventola ben evidenti, i suoi capelli crespi e brizzolati ricadevano in modo disordinato ...... suo viso.

Leggete il testo seguente.

I)

C'erano anche due attrici, vestite con tunichette di cotone grigio studiate apposta per scoprirle a ogni movimento e offrire almeno un motivo d'interesse al pubblico. Una delle due era brutta con capelli corvini da comparsa d'opera e ossa grosse da maratoneta, ma l'altra aveva una figura snella e ben formata, e una bella faccia dal naso spiritoso, capelli biondo grano tagliati a caschetto; aveva un modo sensuale di muoversi, una voce leggermente roca e poco impostata rispetto agli altri attori: anche se il suo ruolo era marginale e quasi solo decorativo, relegato a poche battute e a movimenti di danza astratta, sembrava l'unico guizzo di vita in un panorama di cadaveri animati. Mi attirava la sua naturalezza fuori luogo, il fatto che non avesse quasi niente della professionalità manierata così insopportabile nei suoi colleghi; mi attirava la sua fronte tonda, la sua andatura fluida ma anche timida, le sue gambe dai polpacci pieni e dalle caviglie sottili. Guardavo solo lei, e ogni volta che usciva di scena mi sentivo abbandonato alla noia e alla desolazione.

(A. De Carlo, *Tecniche di seduzione*, Bompiani, 2000)

Completate la seguente tabella che si riferisce all'attrice più bella delle due.

Corporatura	Andatura	Viso	Capelli	Voce	Caviglie
....	....	....	....	....	....
....	....	....	....	....	....
....	....	....	....	....	....
....	....	....	....	....	....

II)

Agostino guardò l'uomo. Era grande e grosso, poteva avere un po' meno di cinquant'anni.

Aveva una testa sorniona e freddamente benevola. Calvo, con la fronte curiosamente conformata come una sella, i piccoli occhi ammiccanti, il naso rosso e aquilino, le narici scoperte e piene di venuzze vermiglie ripugnanti a vedersi. Aveva baffi spioventi e sotto i baffi la bocca un po' storta che stringeva il sigaro. Indossava un camiciotto sbiadito e un paio di pantaloni di cotone turchino, un pantalone gli scendeva fino alla caviglia, l'altro era rimboccato sotto il ginocchio. La pancia l'aveva cinta da un fascia nera. Ultimo particolare che accrebbe in Agostino il primo ribrezzo, egli si accorse che Saro, così si chiamava il bagnino, aveva in ambo le mani non cinque ma sei dita che davano alle mani un aspetto enorme e numeroso e più che dita parevano tozzi tentacoli. Agostino studiò a lungo quelle mani ma non gli riuscì di capire se il Saro avesse due indici o due medi o due anulari. Parevano tutti di eguale lunghezza, fuorché il mignolo che spuntava un po' fuori dalla mano come un rametto alla base di un tronco nodoso.

(A. Moravia, *Agostino*, Bompiani, 1995)

Completate la tabella seguente che si riferisce Saro.

Abbigliamento	Reazioni che suscitava in Agostino	Aspetto fisico
....	....	....
....	....	....
....	....	....
....	....	....
....	....	....
....	....	....
....	....	....
....	....	....
....	....	....
....	....	....

III)

Fofò viveva da milionario pur non avendo una lira in tasca. Come ci riuscisse non lo so: era quello che a Napoli si chiamava uno scapocchione, ovvero uno scapestrato. Possedeva una vecchia Triumph, un cappotto col bavero di pelliccia e una fidanzata coperta di gioielli dalla testa ai piedi. D'accordo che erano tutti falsi, però intanto lei, falsi, li aveva, e le nostre fidanzate no.

Come età era sui quaranta, anno più anno meno. Aveva i capelli lunghi sul collo e le mani che denotavano l'intervento regolare del manicure. Unico mestiere praticato il poker. Purtroppo per i suoi compagni di gioco, però, nessuno lo aveva mai visto tirare fuori dal portafoglio una cento lire.

Quando perdeva si alzava con molta calma, e con un'erre moscia da applauso mormorava: "Entro ventiquattr'ore onorerò l'impegno".

Poi le ventiquattro ore passavano e lui non onorava un bel niente. Fu così che venne cacciato da tutti i circoli cittadini. Inutilmente tentò di cambiare piazza e di trasferirsi a Roma.

I club romani, prontamente informati da quelli napoletani, gli chiusero le porte in faccia.

Si racconta che una volta, subito dopo la fine della guerra, avesse sbancato il casinò di Montecarlo, e che il direttore del casinò in persona lo avesse supplicato di allontanarsi dalla roulette per evitare che tutti gli altri lo seguissero nelle puntate.

Queste cose incredibili era lui stesso che le raccontava, e dal momento che a noi piaceva sentirle, nessuno le metteva in dubbio. Incredibile a dirsi, Fofò aveva un fratello gemello che non gli somigliava praticamente in nulla.

Tanto lui era un casinista, un avventuriero, un puttaniere, un bugiardo, quanto il fratello era posato, riflessivo, onesto e cattolico osservante. Fofò corteggiava tutte le donne che gli capitavano a tiro. Il fratello non osava alzare lo sguardo su alcuna esponente dell'altro sesso: era serio, puntuale, puritano e non avrebbe tradito la moglie per nessuna ragione al mondo.

(L. De Crescenzo, *Ordine e Disordine*, Mondadori, 1997)

Completate la tabella seguente.

Carattere di Fofò	Carattere del fratello gemello
....	....
....	....
....	....
....	....
....	....
....	....
....	....

Svolgete i seguenti elaborati.

• *Parlate di un conoscente che vi piace e che stimate.*

• *Parlate di una persona, mettendo in risalto gli aspetti che non la rendono simpatica alla gente.*

• *Descrivete un membro della vostra famiglia.*

LETTERA

La lettera personale

• data (in alto a destra)

• formula di apertura (Caro/a….. Cari/e …… Mio/a caro/a……) a sinistra appena più in basso della data;

• corpo della lettera: introduzione e svolgimento dell'argomento;

• formula di chiusura (un abbraccio/ un bacio/ con affetto/ sinceramente tuo/a/ ti abbraccio forte…)

• firma del mittente in fondo a destra.

La busta

Davanti (fronte)

a) nome e cognome del destinatario;

b) indirizzo (via e numero civico) del destinatario;

c) codice di avviamento postale (C.A.P.) e nome della città;

d) provincia ed eventualmente Stato.

Retro

a) nome e cognome del mittente

b) indirizzo del mittente

c) C.A.P. e città

d) Provincia e Stato

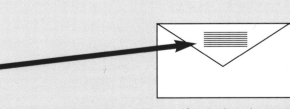

Il numero del C.A.P. facilita la consegna della corrispondenza. La prima cifra indica la regione, la seconda il capoluogo la terza se si tratta di periferia o centro città; le ultime due cifre indicano, invece, la zona e la via. I paesi e le piccole città hanno un solo numero di C.A.P., mentre le grandi città ne hanno più di uno: cambia con il quartiere. Poiché l'indicazione è utilizzata nella prima fase del viaggio, il nome del Paese va scritto nella lingua del Paese da cui la lettera è inviata.

I)

Roma , 19 dicembre 2002

Caro Paul,

scusami per il ritardo con cui ti rispondo. Purtroppo sono stato molto impegnato con il lavoro. Sono felice di sapere che tu stai bene e che hai fatto la pace con Marianne. L'ho frequentata poco quando sono stato lì da te, ma mi ha fatto davvero un'ottima impressione. Mi sono piaciute la sua naturalezza e la sua sensibilità. Penso che ti voglia davvero molto bene. Era così premurosa con te e ti coccolava tanto!

Mi fai quasi invidia se penso che la mia ragazza non è dolce allo stesso modo.

Noi qui siamo in piena atmosfera natalizia. Ci sono addobbi natalizi ovunque: nelle strade, nei negozi, nelle case. Nelle piazze, imponenti alberi di abete sono addobbati in vario modo: con semplici fiocchi, con fili argentati, con luci. La sera è bello passeggiare per queste strade illuminate; è uno spettacolo davvero suggestivo. I negozi, poi, pullulano di gente che continua a fare acquisti, a pochi giorni dal Natale. Sì, è proprio vero, come si legge sui giornali, anche quest'anno gli italiani spendono buona parte della loro tredicesima in regali. Nelle famiglie, poi, ogni anno si discute se fare anche il presepe o limitarsi all'albero. E quale albero? Naturale o ecologico? In casa mia ho l'impressione che anche quest'anno prevarrà l'opinione della mamma che vuole fare sempre sia l'albero che il presepe. Allora io e mio padre dovremo metterci al lavoro per cercare il muschio ed allestire, anche se piccolo, un grazioso presepe per il quale ci faranno sicuramente i complimenti gli ospiti che verranno a trovarci durante le feste natalizie. Non ti dico, poi, quanto è impegnata la mamma. Naturalmente, pensa già al pranzo di Natale e prepara della pasta fatta in casa: i cappelletti, (pasta all'uovo con ripieno). Fa parte anche questo delle tradizioni natalizie. Ne prepara un' abbondante quantità che surgela e scongela quando è il momento di cucinarli. Del resto ormai ci ha viziati ed anche a noi non piacerebbe, il giorno di Natale, mangiare i cappelletti comprati al supermercato. Sono indubbiamente meno buoni. Naturalmente, il panettone e il torrone, che sono alcuni dei dolci tipici natalizi, non si preparano in casa e ne esistono davvero di tante varietà.

Io personalmente preferisco quelli classici: il panettone con l'uvetta e i canditi ed il torrone con le nocciole o con le mandorle. Pensi che la stia facendo lunga sui cibi natalizi?

Hai ragione, ma ho uno scopo preciso. Vorrei tanto che il prossimo anno tu venissi a trascorrere le feste natalizie a casa nostra. Siccome so che sei un goloso, vorrei, come si è soliti dire, prenderti per la gola. Ti mando alcune mie foto. Sono in compagnia dei miei amici più cari che sono impazienti di conoscerti. E' tutto per adesso. Auguro di cuore a te ed alla tua famiglia un sereno e felice Natale.

Mi raccomando, scrivimi presto.

Un abbraccio
Matteo

II)

Roma, 3 marzo 2002

Cara Francesca,

spero tanto che tu abbia superato con un ottimo voto l'esame che stavi preparando, dal momento che hai deciso di chiedere la tesi al professore di questa materia.

A pensarci bene, non manca poi tanto alla tua laurea! Beata te! Se penso a quanto dovrò penare ancora e quanti esami dovrò ancora dare, mi assale un grande sconforto. Tra l'altro, credo di essere anche un po' sfigata e dimmi se non ho ragione. Nel mese di gennaio sono partita con i miei amici, come ogni anno, per la settimana bianca. Il viaggio è stato piacevole perché Marco, il buontempone del gruppo, ci ha divertito con il suo nuovo repertorio di barzellette e raccontandoci le cavolate sparate dalla professoressa di geografia che, come siamo soliti dire, è un po' "schizzata". Abbiamo trovato di nostro gradimento anche la pensioncina dove non eravamo mai stati prima e che ci eravamo affrettati a prenotare perché invogliati dal prezzo veramente ragionevole. E tu sai bene che sulle Dolomiti i prezzi degli alberghi in alta stagione non sono affatto bassi. La pensione era modesta ma pulita e dotata del necessario; la padrona era una signora espansiva e cordiale. Tutto andava per il meglio. Abbiamo fatto una lunga dormita ed il giorno dopo eravamo pronti a schizzare giù dalla pista, all'insegna del divertimento e con il chiaro proposito di distrarci il più possibile, mettendo da parte tutte le nostre preoccupazioni per gli esami all'università. Dopo aver goduto della vista circostante, mi avviavo tranquilla sulla pista, quando un maldestro sciatore, sicuramente alle prime armi, mi è venuto addosso. Ho cominciato a rotolare giù come una grande palla di neve e, solo l'intervento provvidenziale di Marco ha evitato che la caduta continuasse ancora per molto. Gli amici mi hanno aiutato a raggiungere il pronto soccorso dove l'ortopedico ha ritenuto opportuno ingessare la mia gamba. E' stata davvero una brutta esperienza. Ti lascio immaginare il viaggio di ritorno, la delusione per il divertimento che non c'era stato e tutti i disagi che l'ingessatura comportava. Come se non bastasse, il professore di letteratura aveva anticipato l'appello. Io, naturalmente, in quelle condizioni, ho avuto difficoltà a studiare ed ho dovuto rassegnarmi all'idea di rimandare l'esame. L'unica consolazione in tutto questo disastro è stata che il maldestro sciatore è venuto a scusarsi, mi ha tenuto compagnia parecchie volte in albergo quando non c'erano i miei amici. Ci siamo rivisti anche qui, quando siamo tornati a Roma e credo anche di piacergli. Vuoi sapere cosa penso di lui? Beh! Posso dirti che lo trovo carino, spiritoso, intelligente, brillante, ma un pessimo sciatore. Se ci mettessimo insieme, eviterei accuratamente di andare a sciare con lui. A questo punto sarai sicuramente curiosa di conoscere il seguito della storia. Ti prometto di tenerti informata e di raccontarti tutti i particolari nella mia prossima lettera. Tu, però, fammi avere tue notizie al più presto!

Un bacione
Chiara

III)

Milano, 3 agosto 2000

Caro Michele,

quando riceverai questa lettera, io sarò sulla Riviera Adriatica sdraiata sulla spiaggia a godermi il sole ed il meritato riposo. Infatti, partirò nel pomeriggio, anche se non ho ancora finito di fare le valigie. Ma ormai mi conosci bene: sono quella che rimanda tutto all'ultimo momento, al contrario di te che programmi ed organizzi tutto per tempo.

E sai anche che sono un po' distratta. Allora, per prevenire eventuali dimenticanze, questa volta ho buttato giù una lunga lista di quello che mi serve e spero proprio di non dimenticare niente.

Quest'anno non andiamo nel solito albergo, ma abbiamo affittato un appartamento, per essere più liberi di fare baldoria fino a tardi quando ne abbiamo voglia e quando non andiamo nei tanti locali e discoteche che offre la città. Beh! Non pensare che sia un grande appartamento. Si tratta, in realtà di un bilocale, composto da soggiorno con angolo cottura e due letti singoli in divano letto, camera matrimoniale, bagno con doccia ed un balcone. Si trova a Rimini Marina Centro, a pochi metri dalla spiaggia. La stazione ferroviaria è a un chilometro e mezzo. Hai deciso quando verrai per stare qualche giorno con noi? Fammelo sapere al più presto. Del resto hai il numero del mio telefonino per comunicarmelo. Comunque, ho già pensato al programma. Verremo tutti a prenderti alla stazione. Ti lasceremo il tempo di fare una doccia o di riposare e andremo subito sulla spiaggia. Noleggeremo una barca e faremo un giretto sulla costa. Così potrai rilassarti e fare un bel bagno al largo. La sera ti porteremo, dal momento che ti piacciono i cibi messicani, in un posticino dove potrai gustare oltre alle specialità messicane, uniche in Romagna, anche gustose e genuine pietanze della cucina del luogo. Non mancheranno pizze cotte al forno a legna. Inoltre, allieterà la serata, musica latino americana e, se vorrai, potrai tuffarti anche nella piscina del locale che è aperta fino a tarda notte. Il giorno dopo, faremo un'escursione nell'entroterra romagnolo e raggiungeremo un'azienda agrituristica. L'alternativa a questa escursione è una visita al parco di Mirabilandia, a soli 10 Km da Ravenna, uno dei parchi di divertimento a tema più famosi d'Italia. Le attrazioni, gli spettacoli ci offriranno sicuramente momenti di grande svago. A te la scelta!

Naturalmente hai tempo: sceglierai quando sarai qui. Ti assicuro comunque che ti divertirai un mondo in nostra compagnia. Per il momento è tutto, non ho altro da dirti. Fatti vivo al più presto. Non vediamo l'ora di averti con noi.

Ti abbraccio affettuosamente
Angela

A. Scrivete una lettera ad un/una amico/a. Chiedete scusa per il ritardo con cui avete risposto, spiegate il motivo del ritardo e parlate dei preparativi per il Natale, degli acquisti natalizi, dei cibi tipici per questa occasione. Chiudete la lettera invitando l'amico/a a trascorrere il Natale da voi il prossimo anno. Dite di salutarvi la famiglia.

B. Scrivete una lettera ad una/ un amica/o. Raccontate, possibilmente in modo dettagliato, un'esperienza piacevole o no che avete fatto.

C. Scrivete una lettera ad una/un amica/o. Illustrate un programma dettagliato di soggiorni ed escursioni in luoghi del vostro Paese per trascorrere una vacanza divertente e rilassante.

La lettera ufficiale

I Modello

Data in alto a destra

Destinatario (nome, cognome, qualifica, indirizzo) in alto a sinistra.

II Modello

Data a sinistra (sotto il mittente)

Destinatario (nome, cognome, qualifica, indirizzo) in alto a destra.

Mittente (nome, cognome, indirizzo) in alto a sinistra.

Formula di apertura: Gentile signore/a

Egregio signore

Pregiatissimo/a signore/a

Chiarissimo/a Professore/Professoressa (Università)

Magnifico Rettore (Università)

Spettabile Ditta

Reverendo/a Padre/ Madre

Monsignor

Eccellenza (Vescovi)

Eminenza (Cardinali)

(Vostra) Santità (Papa)

Onorevole Presidente/ Signor Presidente (Presidente di Stato)

Formula di chiusura: Distinti saluti/ Cordiali saluti

In attesa di una risposta, che mi auguro positiva, porgo cordiali saluti

Nel ringraziare sentitamente, porgo distinti saluti

La saluto cordialmente

In attesa di un Vostro riscontro, porgo distinti saluti

Con ossequio

Torino, 20 ottobre 2000

Spettabile Ditta Dolma
Direzione del personale
Largo Chiogi, 8
73100 Lecce

Mi chiamo Rosalba Barci, ho 35 e sono ragioniera.

Dopo alcuni impieghi precari, dal 1995 mi occupo dell'amministrazione e dei rapporti telefonici ed epistolari con i fornitori ed i clienti di una piccola azienda in provincia di Ancona (come risulta dal curriculum vitae allegato).

Poiché dovrò trasferirmi a Lecce per motivi di famiglia, avrei bisogno di trovare lavoro in questa città. E' questo il motivo della mia richiesta di assunzione presso la Vostra Ditta. Posso dire di avere, grazie alle precedenti esperienze lavorative, professionalità nel settore amministrativo e una buona pratica nell'uso dei programmi principali del computer. Ho facilità nei rapporti umani e buona comunicativa.

Inoltre, grazie a frequenti soggiorni all'estero, posso dire di parlare e scrivere con una buona padronanza l'inglese e il francese.

Confidando nella possibilità di un colloquio, porgo distinti saluti.

Rosalba Barci

Allegato:
Curriculum vitae

Rosalba Barci
Via Manzoni,3
60100 Ancona
Tel.071/708291

A. **Leggete gli annunci seguenti e sceglietene alcuni. Per ogni annuncio scelto scrivete una lettera in cui fate domanda di lavoro. Nelle lettere dite di avere le esperienze, i titoli ed i requisiti richiesti negli annunci.**

Allegate un curriculum adeguato.

Qui di seguito sono scritti alcuni suggerimenti che potranno essere utili.

- In riferimento all'inserzione apparsa...
- Sono laureato/a in...
- Ho frequentato corsi di specializzazione
- Sono al mio primo impiego
- Ho lavorato saltuariamente
- Ho una vasta esperienza nel settore
- Ho maturato una buona pratica in...
- Sono stato/a assunto/a presso
- Ho buone capacità di esposizione orale e facilità nella comunicazione interpersonale
- Dispongo di un'automobile e sono esente da obblighi di leva
- Sono disponibile a cambiar sede anche frequentemente

Azienda di Alessandria cerca 3 periti chimici, automuniti, anche prima esperienza lavorativa.

Eurointerim S.p.A. cerca 5 segretarie con esperienza, ottima conoscenza inglese, francese e principali supporti informatici a tempo determinato. Affidabili, con capacità comunicative, organizzative, e autonomia operativa.

Negozio di abbigliamento a Roma cerca 1 commessa con contratto a tempo determinato.

Azienda produttrice e distributrice di accessori per impianti di trattamento aria (sede Padova) cerca 1 assistente alla direzione vendite estero di 25-35 anni, con esperienza pc, stesura offerte, evasione ordini, altri compiti specifici del ruolo. Indispensabile l'ottima conoscenza di una o due lingue straniere.

Società del settore moda cerca 1 segretaria commerciale di 25 - 30 anni, diplomata o laureata e con buona conoscenza del greco moderno. Sede di lavoro nella provincia di Cuneo.

Multinazionale del settore alimentare e leader in Italia nel settore dei latticini cerca per lo stabilimento in Basilicata 1 responsabile di manutenzione. Cultura tecnica, decennale esperienza nella manutenzione di impianti a elevato grado di automazione con relativa conoscenza delle problematiche meccaniche ed elettriche relative a linee automatiche di produzione e confezionamento.

Curriculum Vitae
Modello I)

DATI ANAGRAFICI

Nome e cognome	Rita Ruggiero
Data di Nascita	5/06/1966
Luogo di nascita	Roma
Residenza	Via dei Ciclamini,13
	00194 Roma
Telefono e fax	06/5567321
Stato civile	nubile

STUDI

1985   Ha conseguito la maturità classica presso il Liceo Classico Statale "Mariotti" di Roma con la votazione di 60/60

1990   Ha conseguito la Laurea in Giurisprudenza presso l'Università degli Studi di Roma.
Ha discusso una tesi in Storia del Diritto italiano intitolata: *Questioni di Teoria generale del contratto nell'opera di Marcantonio Savelli*. Ho ottenuto la votazione di 105/110

1993   Ha frequentato un corso di computer organizzato dalla regione Lazio.

ESPERIENZE LAVORATIVE

1993/1994   Ha svolto attività di praticantato presso lo studio dell'avvocato Bianchi.

1996   Ha ottenuto l'iscrizione all'Ordine professionale degli Avvocati e dei Procuratori legali della provincia di Roma.

1996/1998   Ha svolto attività di responsabile dell'Ufficio legale della Società "Rima" S.p.A. di Parma.

LINGUE STRANIERE

Buona competenza di inglese scritto e parlato
Ottima padronanza del francese parlato e scritto.

CONOSCENZE INFORMATICHE

Buona pratica con il foglio di calcolo Excel per elaborazione ed archiviazione dati
Word processing: Word 7 in Windows '98

Rita Ruggiero

Roma, 18 novembre 2000

Curriculum Vitae
Modello II)

Letizia Ponchielli, 25 anni
nata a Napoli il 23 novembre 1975
residente in Via Mazzini, 8
80133 NAPOLI
Tel. (081) 312332

1994	Diploma di maturità linguistica presso il liceo linguistico "Giordano Bruno" di Napoli.
Dal 1994 a oggi	Iscritta alla facoltà di Lingue e Letterature straniere dell'Università di Napoli. (mancano due esami e la tesi alla conclusione degli studi).
1997	Vacanza - lavoro a Dublino (tre mesi) come centralinista in un albergo.
1998	Soggiorno di studio in Austria.
Lingue conosciute	Conoscenza discreta del francese e del tedesco. Ottima padronanza dell'inglese.
Conoscenze informatiche	Windows 2000.

Letizia Ponchielli

Napoli, 30 novembre 2000

Sydney, 20 ottobre 2000

Gentile Signora Rossi,

mi chiamo Mary e sono una studentessa australiana al terzo anno di giurisprudenza. Siccome i miei genitori sono di origine italiana, è mio desiderio venire in Italia per perfezionare la lingua italiana, che continuo a studiare qui a Sydney sia pure per poche ore alla settimana. La mia insegnante mi ha detto che Lei ospiterebbe una ragazza che parli in inglese con i suoi figli per alcune ore al giorno. Io sarei interessata alla Sua proposta perché sto programmando un viaggio in Italia per il periodo primaverile e vorrei restarci per qualche mese.

Per quanto riguarda le mie referenze posso dirLe che, per non gravare economicamente sui miei genitori, lavoro da due anni come baby - sitter presso una famiglia in cui sia la moglie che il marito sono avvocati e, dunque, sono impegnati molte ore al giorno. Devo dire che loro sono molto contenti di me e i due bambini, rispettivamente di 7 e 9 anni mi sono molto affezionati. Potrei chiedere ai signori dove lavoro una lettera di referenze e spedirgliela se Le facesse piacere.

Vorrei anche farLe sapere che adoro i bambini e che mi riesce abbastanza naturale avere pazienza e occuparmi di loro. Poiché ho fatto la preiscrizione ad un corso avanzato di lingua italiana, Le sarei grata se potesse dirmi esattamente quante ore al giorno sarebbe necessario stare con i Suoi figli. Avrei bisogno di questa informazione per vedere se è possibile conciliare l'impegno che Lei chiede con l'orario delle mie lezioni. Mi sembra di capire da quello che mi ha riferito la mia insegnante che non si tratterebbe di molte ore al giorno. Mi auguro dunque che Lei non abbia ancora trovato una ragazza alla pari e che possa accogliere favorevolmente la mia richiesta.

In attesa di una Sua risposta, che mi auguro positiva, Le porgo cordiali saluti.

Mary Mockler

Mary Mockler
24 Vista Ave
Gladesville
Sydney 2111
Australia

A. Scrivete una lettera alla signora Rossi che può ospitarvi per un certo periodo in cambio di conversazioni in inglese ogni giorno. Parlate di voi, della vostra decisione di venire in Italia. Chiedete cosa vorrebbe esattamente la signora e quanto tempo potrebbe ospitarvi.

La lettera aperta

Leggete la seguente lettera e la risposta.

I)

NESSUNO VUOLE OFFRIRMI UN LAVORO

Mi sono diplomata l'anno scorso e sto cercando da allora un lavoro, ma tutte le porte mi vengono chiuse in faccia. Sono così depressa che non ho più voglia neanche di uscire con i ragazzi che mi piacciono. E questo mi fa stare ancora peggio. Credo che il non trovare un lavoro stia diventando un'ossessione per me.

Rosa

La risposta alla lettera.

Cara Rosa,

non devi assolutamente lasciarti andare, devi a tutti i costi trovare il modo di sorridere e di allontanare da te la tristezza. Resisti, non mollare, proprio adesso. Isolarsi, così come stai facendo tu non serve a nulla; perciò esci con gli amici più allegri della compagnia. Vai al cinema, in pizzeria, a fare delle passeggiate. Per evitare di cadere nell'inerzia, che rende interminabili le giornate, continua a fare tante piccole cose. Frequenta la palestra e fa' ginnastica sistematicamente. L'attesa di un'occupazione non deve modificare la tua vita a tal punto da non fare più progetti o allontanarti dai ragazzi della tua età. Oggi non è semplice inserirsi nel mondo del lavoro. Pensa ai personaggi famosi, ai tuoi attori o cantanti preferiti. Molti di loro sicuramente, prima di arrivare al successo, hanno passato momenti dolorosi o situazioni difficili in cui sembrava che tutto andasse storto. Tanti, però hanno avuto la forza di reagire e di superare le avversità. Prendi esempio da loro. Sforzati di comportarti come una che riuscirà ad ottenere quello che vuole. E che ce la farà.

Prova ad immaginare di essere una principessa delle favole. Ma ricorda: prima del lieto fine, la protagonista supera di solito diversi ostacoli. Così, prendi in considerazione la possibilità di riprendere in mano i libri. Potrebbe essere utile iscriversi ad un corso di informatica o di lingue. Una specializzazione, oggi, aumenta la possibilità di trovare lavoro.

A. Esprimete una vostra opinione sulla risposta.

	utile
Vi sembra	scontata
	efficace
	altro...

B. Scrivete qui di seguito le parti della lettera che condividete.

....

....

C. Cosa pensate del riferimento al mondo delle favole?

E' un buon esempio o un po' infantile?

D. Scrivete una vostra risposta.

....

....

Potrebbero essere utili i seguenti suggerimenti.

• Dovresti.......

• Io, al tuo posto, non mollerei.....

• Penso che tu debba........

• Non escluderei.......

• Potrebbe tirarti su....

II)

Leggete la lettera seguente.

LA COMUNICAZIONE VIRTUALE

Vorrei esprimere alcune opinioni sulla comunicazione virtuale. Sono grata alla posta elettronica perché ha rivoluzionato positivamente il mio lavoro ed ha permesso alla mia azienda di crescere notevolmente. Tuttavia credo che sia un'arma a doppio taglio. Da una parte offre la possibilità di comunicare con tutto il mondo al costo di una telefonata urbana, di relazionarsi con altre persone anche senza conoscersi e di ampliare gli orizzonti anche per coloro che, per vari motivi, non possono allontanarsi da casa; dall'altra parte la limitazione dei rapporti umani e sociali, la mancata frequentazione, la minaccia di virtualismo inducono alla pigrizia e ci portano ad utilizzare sempre più computer, videoregistratore, televisione, telefono, fax. Forse non ci annoiamo ma in fondo ci ritroviamo ad essere soli.

Marida

A. Riportate sotto i vantaggi e gli svantaggi della comunicazione virtuale che la signora Marida scrive nella sua lettera ed esprimete la vostra opinione oralmente.

Vantaggi   Svantaggi

....
....
....
....

B. Scrivete una vostra risposta alla signora, parlando della vostra esperienza personale con la comunicazione virtuale e dite se anche voi vedete i rischi a cui fa riferimento Marida.

III)
Leggete la lettera seguente.

MIA FIGLIA VUOLE FARE LA MISS A TUTTI I COSTI

Mia figlia è una bella ragazza. E' alta più di un metro e settanta, ha capelli biondi e lunghi ed occhi grandi e verdi. Tutti le danno venti anni ma in realtà ne ha soltanto sedici. Ha sempre sognato, sin da quando era bambina, di fare la modella o l'attrice. Qualche settimana fa ha vinto un concorso di bellezza organizzato dal paese dove viviamo. Dopo questo successo, si è messa in testa di voler partecipare alla selezione regionale per le future candidate a Miss Italia. Questa sua decisione suscita in me grande preoccupazione. Infatti non mi sono mai piaciuti questi concorsi che premiano soltanto la bellezza delle ragazze e non tengono minimamente conto delle loro capacità intellettuali. Ma soprattutto ho paura che l'ambiente dello spettacolo con il quale verrà a contatto sia corrotto e che possa cambiarla, farle montare la testa. Non vorrei, peraltro, che trascurasse la scuola. Non so proprio cosa devo fare. Devo lasciarla partecipare o convincerla a dimenticare questo suo sogno?

Ornella Rosi

A. Confrontatevi in coppia o in piccoli gruppi e poi riferite alla classe.
Gli aspetti del problema sono i seguenti:

• E' giusto che la figlia faccia la sua esperienza.
• E' troppo piccola per decidere da sola.
• La madre deve imporle la sua decisione.
• I timori della mamma sono esagerati o reali.
• La mamma può accompagnarla alle varie manifestazioni per essere più tranquilla ed evitare alla figlia i pericoli di cui parla.
• La ragazza potrebbe partecipare senza trascurare gli impegni scolastici.

B. **Scrivete una vostra risposta alla lettera della signora.**

Modello IV)

Leggete la lettera seguente e la risposta alla lettera.

MI SONO STUFATA DEL PIANOFORTE

"Studio pianoforte da sette anni. Il mio insegnante dice che sono molto brava, i miei genitori sono orgogliosi di avere una figlia artista. Il mio problema è che io mi sono stancata di fare pratica tutti i giorni, di ripassare il solfeggio e di non poter uscire perché devo andare a lezione. Ma non so come dire a mamma e a papà che voglio interrompere lo studio della musica e non ho intenzione di sostenere gli esami al Conservatorio".

Luciana

La risposta alla lettera.

Cara Luciana, è perfettamente normale cambiare idea nel corso della vita. E anche cambiare passioni e progetti. Perciò, se dopo sette anni di intenso studio ti pesa il fatto di doverti esercitare tanto e di non poter uscire con i tuoi amici, considerati dalla parte della ragione. Comunque il fatto che tu sia stanca non ti obbliga a rinunciare subito alla carriera da musicista: prima di prendere una decisione definitiva, ti conviene fare una pausa. Non avere fretta di dichiarare le tue intenzioni. Comincia a stare un po' di tempo senza l'amato - odiato pianoforte. Ti chiarirai le idee, forse anche i tuoi genitori hanno dato per scontato il tuo futuro e non si sono più chiesti cosa ti avrebbe davvero fatta felice. Spiega loro questo tuo momento di crisi. Forse anche valutando le loro reazioni potrai capire meglio le ragioni del tuo rifiuto a continuare il Conservatorio. Potresti scoprire che l'idea di avere una pianista in famiglia entusiasma più i tuoi genitori che te. Probabilmente i loro desideri non coincidono coni tuoi progetti. Ma può anche darsi che accetteranno la tua scelta: e, a questo punto, potrai sentirti finalmente libera di stabilire se davvero vuoi continuare a studiare musica. Prenditi una pausa spiegando queste semplici cose: magari all'inizio ti disapproveranno. Ma alla fine ti capiranno. E tu avrai il tempo per prendere la decisione giusta.

Da *"Donna Moderna"*, 25 novembre 1998

A. **Sintetizzate la risposta della dottoressa in tre frasi.**

Cara Luciana, è normale cambiare ....

Sicuramente il dialogo con i tuoi genitori ....

E' comunque importante che tu ....

B. **Scrivete la vostra risposta a Luciana.**

....

....

....

RIASSUNTO GUIDATO

I)

Una svolta nella storia della canzone italiana.

Una svolta nella storia della canzone italiana avvenne negli anni Cinquanta, quando gli italiani si avviavano verso il benessere economico. Si ebbe grazie a due giovani spiantati: Franco Migliacci, mantovano di nascita e toscano d'adozione e Mimmo Modugno pugliese, erroneamente ritenuto siciliano da molti, che aveva una straordinaria energia ed un suo personalissimo stile da cantastorie popolare.

Era una calda domenica di luglio del 1957 , Modugno doveva passare a prendere con la sua automobile l'amico Migliacci ed insieme dovevano andare a Fregene. Ma non lo fece. Migliacci, seccato, rimase a casa e si scolò un'intera bottiglia di Chianti. Poi si addormentò. Al risveglio, ancora poco lucido a causa dell'acol, si soffermò con lo sguardo su due stampe di Chagall che erano poste sulla parete di fronte al letto. Erano "Le coq rouge" e "Le peintre". Cominciò a fantasticare e di getto buttò giù alcuni versi.

La sera, anche se era un po' offeso con il suo amico, gli fece leggere quello che aveva scritto e Modugno ne fu subito entusiasta. Ci lavorarono per mesi fino al fatidico febbraio del 1958 quando Modugno cantò la canzone sul palcoscenico di Sanremo. Il pubblico rimase affascinato non solo dalla canzone, ma anche dall'esibizione di Modugno: le sue braccia spalancate, il viso sognante e aperto, l'immagine di volo che si trasformava in un grido liberatorio al quale si associò tutto il paese. Il successo fu immediato perché la canzone aveva una contagiosa energia: rappresentava il nuovo di cui tutti avevano bisogno. Fu subito sulla bocca di tutti e non solo in Italia; infatti il suo successo raggiunse ben presto tutto il mondo. A tutt'oggi è la canzone italiana più conosciuta e cantata in Italia e fuori.

Riassumete il testo che avete letto, seguendo lo schema scritto sotto.

Come nacque la canzone.

....
....
....
....
....
....

Motivi del suo successo.

....
....
....
....
....
....

II)
GLI INIZI DELLA TELEVISIONE IN ITALIA

Dopo la fase sperimentale, la televisione fece regolare ingresso sul mercato italiano nel 1954. Nei primi anni, quando ancora nelle case c'erano pochi televisori, l'ascolto era per lo più collettivo. Nei quartieri, nei piccoli paesi, la sera ci si vedeva al bar, davanti al piccolo schermo. Andare a vedere la televisione fu per un certo periodo come andare al cinema, a teatro. C'era il vantaggio di pagare un prezzo assai ridotto: il costo di un caffè o di un'aranciata, di una consumazione qualsiasi, che, in quel caso, era d'obbligo. Oppure si andava a casa di amici che già avevano acquistato un televisore.

Talvolta, erano le stesse sale cinematografiche, in occasione di particolari programmi televisivi, a mettere uno o più apparecchi in sala. L'ascolto collettivo si aveva quando c'erano trasmissioni di richiamo che venivano messe in onda sempre negli stessi giorni ed alla stessa ora: il film del lunedì, il quiz del giovedì, il varietà del sabato, il romanzo a puntate della domenica.

Intorno a questi grandi appuntamenti, la televisione ha organizzato per anni la propria programmazione che in termini tecnici si dice *"palinsesto"* ossia il modo di distribuire le trasmissioni nel corso delle settimane e all'interno di ciascuna giornata.

Secondo ricerche statistiche, in tutti i paesi del mondo per molti anni i programmi più seguiti e quindi con i più alti indici di gradimento sono stati i quiz. Il loro successo ha sicuramente influito sulla vendita dei televisori. Alla fine degli anni Cinquanta erano molte le famiglie italiane a possederne uno.

Perciò cambiarono anche i modi di ascolto. Si passò da quello collettivo a quello di gruppi ristretti ed infine all'ascolto in famiglia. Contemporaneamente si ebbe un calo dell'interesse del pubblico per i quiz a favore dei film, telefilm e romanzi sceneggiati oltre naturalmente ai notiziari giornalistici.

Negli anni Settanta, cresciuto notevolmente il benessere economico, si verificò una tendenza ad acquistare per la famiglia il secondo e poi persino il terzo apparecchio televisivo.

Oggi naturalmente non si contano più. Dall'ascolto familiare siamo arrivati oggi all'uso individuale o quasi del televisore. Questo comporta notevoli mutamenti nelle abitudini di vita, nel costume e nella cultura della gente. In famiglia, si parla meno, non c'è neanche l'occasione di discutere e magari di litigare per la scelta del programma.

Le città si svuotano quando c'è una grande partita internazionale, per poi riempirsi di gente subito dopo l'ultimo goal della vittoria; il pranzo e la cena sono in silenzio. Le modificazioni di costume riguardano anche il campo politico. Prima della televisione, in periodo di campagna elettorale, si andava a un comizio o a un dibattito pubblico.

Oggi si seguono incontri in televisione, conferenze stampa di dirigenti politici e sindacali.

Si perde così la possibilità di stare insieme ad altri, di discutere su quello che si ascolta o si è ascoltato, di ribattere, di gridare il nostro entusiasmo o la nostra disapprovazione, con il rischio che questi mezzi di comunicazione facciano arrivare a milioni e milioni di persone le stesse idee e i medesimi punti di vista.

Riassumete secondo le indicazioni.

La televisione nei primi anni Cinquanta.

....
....
....
....
....
....
....
....
....
....

Alla fine degli anni Cinquanta.

....
....
....
....
....
....
....
....
....
....
....

Tendenze e cambiamenti nelle abitudini degli italiani a partire dagli anni settanta.

....
....
....
....
....
....
....
....
....
....

III)
GLI ANNI CINQUANTA / QUANDO NACQUE LA PRIMA VETTURA FIAT DI GRAN SERIE

La Seicento, zia di tutte le auto

Non era bella ma fu subito amata. 200.000 esemplari nel '56

di Maurizio Naldini

Era fragile, economica, trasformabile e perfino "multipla". Consumava un litro per sedici chilometri e lanciatissima percorreva 95 chilometri in un'ora. Costava 622.000 lire quando un operaio ne guadagnava 50, il doppio un impiegato. Ma la FIAT la mise sul mercato con vendita rateale. "24 cambiali, e via verso il futuro o la campagna. Fu battezzata al salone di Ginevra nel febbraio del '55. In vent'anni ne furono prodotte due milioni e mezzo, e ancor oggi ha un pubblico di fans, quasi 60.000, che la conserva come fosse un gioiello. A idearla nei giorni in cui la FIAT, finite le commesse militari, dovette imparare a muoversi con le sue ruote, fu il padre della topolino. Si chiamava Dante Giacosa. Fu Gianni Agnelli a dare il sì definitivo. *"E' un'ottima macchina, forse un po' troppo veloce"*. E lo era difatti. Tanto veloce che nel '56 ne furono prodotti quasi 200.000 esemplari, e la FIAT che annaspava nell'Italia del dopoguerra, fece un salto in avanti come nessun'altra azienda d'Europa. Tanto veloce che nella lunga fase di progettazione un gruppo di operai cercò di rubarla. In un'officina privata la ricostruirono a tempo di record con l'intento di *"bruciare la casa torinese"*. Il giornale "Il Lavoro" di Genova pubblicò i disegni di quell'auto popolare. Arrivarono le prime prenotazioni, ma con esse anche la denuncia per furto di progetto. Qual era il suo segreto? Come potevano amarla gli italiani che in quegli anni sognavano la Cadillac ma intanto pedalavano coi pantaloni fermati dalla molletta del bucato? Avevano voglia di andare, ad ogni costo. Andare in gita la domenica mattina fino al paese di origine. Andare d'estate fino al mare. Andare a fare il pic-nic con la famiglia. E' forse, più di tutto, andare con la ragazza in luoghi solitari. Per arrivare a tanto, uno spicchio d'America, occorreva farcela coi costi. Per questo l'ing. Gerosa lavorò due anni al suo progetto. Ridusse ai minimi termini la lamiera, mise il radiatore di fianco al motore, lavorò sui pesi e sui consumi ma soprattutto decise di piazzare il motore sul di dietro. Nacque così, la forma inconfondibile di un'auto che bella non è mai stata, che si muoveva per strada con l'incedere pesante di una zia, ma che poteva permettersi di portare a spasso quattro persone alla volta, e anche una valigia da 30 chili dentro il bagagliaio. La benzina, all'epoca costava 120 lire, 138 la super e i più accorti facevano il pieno *"mezzo e mezzo"*.
Il bollo veniva 10.000 all'anno, 25.000 l'assicurazione. Un giovane al primo impiego, con qualche sforzo, ce la faceva. Fu un successo, meglio sarebbe dire una rivoluzione. I tassisti si lanciavano nel businnes con il modello a loro destinato, e le suore diventavano le migliori acquirenti della versione multipla. Andavano gli italiani sempre più veloci. Erano i giorni dei frigoriferi panciuti, delle TV monumentali e c'era la discussione sulle case chiuse che animava i discorsi da caffè, quasi come le imprese di Bartali e di Coppi. C'era Nilla Pizzi che cantava a Sanremo, la lira che vinceva i premi per la stabilità monetaria, c'era Elvis Presley che urlava dai primi juke-box mentre gli uomini erano ammaliati dai seni di Gina Lollobrigida o dai fianchi della Loren. Fu proprio lei la splendida Sofia ad essere scelta come *"testimonial"* della seicento. Lei e un campione dello sport, Virgili, il centravanti della Fiorentina, e di una nazionale che aveva molti oriundi e altrettanti problemi. Pagavano lo sviluppo o meglio le cambiali sulle quali in quei giorni l'Italia annusò il benessere e trasformazioni sociali profondissime. Il simbolo erano proprio gli operai che avrebbero costruito la seicento. Arrivavano a Torino da ogni parte, con valigie di cartone e gli occhi lustri. Simbolo di un consumismo titubante, primordiale, e per questo colmo di speranza.
La seicento smise di essere costruita il 18 maggio del 1970.

Da *"La Nazione"*, 11 novembre 1995

Scrivete un riassunto, rispondendo alle domande e legando in modo opportuno le risposte.

Com'era la Seicento? Quanto consumava e quanto costava?

In che anno nacque e chi l'ideò?

Dove fu costruita?

Gli operai che la costruirono da quali regioni d'Italia provenivano?

Perché ebbe tanto successo?

Quali personaggi famosi furono chiamati a fare la pubblicità alla Seicento?

Che periodo attraversava l'Italia? Quali erano gli avvenimenti più importanti del tempo?

....
....
....
....
....
....
....
....
....
....
....
....
....
....
....
....
....
....
....
....
....
....
....
....
....
....
....

IL QUIRINALE

Il palazzo del Quirinale deve il suo nome a Quirino, il nome sabino del dio Marte che era, fin dai tempi remoti, venerato su questo colle. Oggi è sede del presidente della repubblica italiana ma, in passato, ha ospitato 30 papi e 4 re d'Italia. Infatti, la storia del palazzo rappresenta momenti importanti della storia di Roma e d'Italia. Ogni epoca ha lasciato una sua impronta. Per esempio, le due enormi statue di Castore e Polluce, che si trovano di fronte all'entrata del palazzo, risalgono all'epoca dell'imperatore Caracalla, 18 secoli fa. I due gemelli erano i protettori di Roma antica. Il palazzo del Quirinale fu residenza estiva dei papi dal 1572 al 1870. Del periodo dei Papi, ricordiamo la splendida scala elicoidale all'interno del palazzo. Gli scalini sono molto bassi per rendere la salita meno faticosa, permettevano ai muli di salire e di trasportare mobili. La Sala Regia è oggi chiamata Sala dei corazzieri perché vi si schierano i corazzieri durante le visite importanti. Questo colossale salone è alto 19 metri e lungo 37 e il soffitto è in legno ricoperto d'oro. Un doppio portale introduce ad un altro incredibile ambiente: la Cappella Paolina. Sfiora i 20 metri d'altezza. Dal momento che il Quirinale era la sede alternativa ai palazzi vaticani, questa sala doveva essere l'equivalente della Cappella Sistina.

Ma non fu possibile affrescarla come fece Michelangelo con la Cappella Sistina. Così si scelse una costosissima decorazione in stucco dorato. Per secoli il Quirinale rappresentò il cuore pulsante della Santa Sede. Vi si svolgevano conclavi e concistori. Vi fu processato Galileo Galilei che qui avrebbe detto la famosa frase: *"Eppur si muove"* E vi furono eletti i Papi. Dal palazzo uscivano le fumate bianche e quelle nere in occasione delle elezioni dei Papi. Per avere il fumo bianco si usava la paglia asciutta e per ottenere quello nero si usava la paglia bagnata.La cappella privata di Paolo V detta *"dell'Annunziata"* è a tutt'oggi consacrata. Nella cappella i Papi si raccoglievano in meditazione e preghiera. Nel 1809 le truppe di Napoleone occuparono Roma, arrestarono il papa e lo deportarono in Francia. Dal Quirinale i francesi portarono via tutto, anche le porte. Poi Napoleone fu sconfitto a Waterloo e non venne in Italia. Così i Papi si ripresero il palazzo. Ma dovettero lasciarlo il 20 settembre del 1870. Dopo 30 Papi, il nuovo inquilino del Quirinale fu un re: Vittorio Emanuele II. Bisognava riarredare il Quirinale perché anche l'ultimo Papa aveva lasciato pochi mobili. Allora i nuovi mobili per il Quirinale furono presi dalle varie regge d'Italia. Da Torino, per esempio, viene l'incredibile biblioteca con intarsi d'avorio, di tartaruga e con tanti legni pregiati. Da Firenze provengono gli arazzi di Palazzo Pitti.

Del periodo dei re ricordiamo il Salone delle feste dove oggi avvengono i pranzi di Stato, le udienze di ogni tipo e il giuramento del governo. Nel '48 il Quirinale conobbe nuovi inquilini: i presidenti della Repubblica italiana. Una parte stupenda del palazzo sono i giardini che sono più vecchi di quelli di Versailles. C'è un platano alto 40 metri e le fontane sono spettacolari.

La più bella è quella delle Bagnanti che viene dalla reggia di Caserta ed è il punto più importante dei giardini. Il Quirinale è come una piccola città e conta 600 persone. Dentro le mura, gli unici guardiani del presidente sono i corazzieri che sono uno dei simboli del Quirinale. Si tratta di un corpo antichissimo , un corpo speciale dei carabinieri con un addestramento specifico. I corazzieri sono molto alti: superano un metro e novanta perché in passato agli occhi dei nemici dovevano sembrare giganti a cavallo. Le loro uniformi e gli elmi li rendono ancora più imponenti. Al Quirinale ci sono anche collezioni di inestimabile valore: porcellane, argenti, cristalli, carrozze dei re d'Italia.Una particolarià sono gli orologi. Ce ne sono 155. Un esperto li carica ogni giorno e li verifica regolarmente. Ci sono anche i cosiddetti "appartamenti imperiali" per gli ospiti illustri. Essi sono stati realizzati un secolo fa. Nella struttura più alta del palazzo c'è una sala da pranzo tra le più belle del mondo dove avvengono i pranzi ufficiali ma più ristretti. Qui la vista su Roma è a 360 gradi. Non dimentichiamo che il colle Quirinale, su cui sorge il palazzo, è il più alto dei sette colli di Roma. La palazzina settecentesca dove vive il presidente ha due piani. Quindici persone, gli"staffieri" assistono il presidente nelle sue attività e controllano che tutto sia in ordine. Un'ultima curiosità: per vedere se il presidente è al Quirinale basta osservare le tre bandiere del palazzo. Se manca lo stendardo presidenziale accanto alla bandiera italiana il presidente è in visita altrove. Anche quando il presidente non c'è, ogni pomeriggio si può assistere alla cerimonia particolare che è il cambio della guardia d'onore. Il Quirinale è aperto al pubblico la seconda e la quarta domenica del mese.

Riassumete il testo secondo le indicazioni.

Dal 1500 al 1870.
Dal 1870 al 1948.
Descrizione del palazzo.

....
....
....
....
....
....
....
....
....
....
....
....
....
....
....
....
....
....
....
....
....
....
....

IL MASCHIO ANGIOINO

Quando occupò Napoli nel 1266, Carlo d'Angiò non trovò adeguata la residenza di Castel Capuano e volle costruire una reggia fortificata in prossimità del mare. Scelse una zona fuori le mura, conosciuta col nome di *Campus oppidi*, nel cui centro sorgeva una chiesetta francescana che, per l'occasione fu demolita. I lavori della nuova residenza, denominata Castel Nuovo, furono affidati, pare, a due architetti francesi. Il maniero fu iniziato nel 1279 e finito nel 1282: in meno di sei anni. Originariamente aveva una pianta quadrilatera irregolare, quattro torri di difesa (tre delle quali davano sul mare), alte mura merlate dalle strettissime feritoie, un profondo fossato che lo circondava interamente ed un ampio portale d'ingresso con ponte levatoio. Aveva, cioè, quello che avevano tanti altri castelli medievali ma si imponeva allo sguardo dello spettatore per le linee agili e svettanti che ancora oggi lo caratterizzano e che, molto più di oggi, lo inserivano armoniosamente in un paesaggio ridente fatto di verde splendente (le colline circostanti), di toni ocra sfumati (il Vesuvio sullo sfondo) e di azzurro luminoso (il cielo sempre terso di Napoli). Carlo d'Angiò, sebbene la nuova residenza fosse pronta ad accoglierlo, non vi abitò mai. Nel 1285, però vi si stabilì il figlio, Carlo II, il quale, per sistemarvi la corte e la numerosa figliolanza, ordinò radicali lavori di ampliamento. Altri lavori di ristrutturazione e di abbellimento furono ordinati da Roberto d' Angiò detto il Saggio, che si servì anche dell'opera di Giotto. Nominato protomastro reale, il grande maestro lavorò a Napoli dal 1328 al 1333 affrescando, fra l'altro, le pareti della Cappella Palatina con scene del Nuovo e del Vecchio Testamento. Queste opere, che oggi non esistono più perché probabilmente furono distrutte da uno dei frequenti terremoti, furono vivamente ammirate dal Petrarca e citate in una sua opera in latino. Roberto il Saggio fu amante delle lettere e delle arti (anzi, fu egli stesso poeta molto apprezzato), si circondò di personaggi eccellenti dell'epoca e creò un clima intellettualmente stimolante. Anche Boccaccio visse a Napoli in quel periodo e vi scrisse il Decameron.

Fra le mura di Castel Nuovo si verificò il 13 dicembre del 1294 un noto evento della storia medievale: il *"gran rifiuto"* di Celestino V. Davanti alle alte cariche della chiesa riunite in Concistoro, il vecchio eremita, con voce tremante, lesse la dichiarazione di abdicazione, si tolse la tiara dal capo, si liberò del manto, si sfilò l'anello papale e rimase in cotta bianca; dopo di che si affacciò ad una finestrella e, per l'ultima volta, benedì il popolo che si era adunato commosso intorno al castello senza riuscire a capire il motivo di un gesto tanto inconsueto quanto sconvolgente.

Riassumete il brano seguendo le indicazioni.

Da chi e quando fu fatto costruire
Struttura originaria
Ospiti durante il regno di Roberto il Saggio ed evento importante della storia medievale

....
....
....
....
....
....
....
....

Indice

Indice

Indice

Indice

Finito di stampare nel mese di marzo 2002
da Guerra guru s.r.l. - Via A. Manna, 25 - 06132 Perugia
Tel. +39 075 5289090 - Fax +39 075 5288244
E-mail: geinfo@guerra-edizioni.com